人人都是
销售高手

销售大玩家（胡超）著

電子工業出版社
Publishing House of Electronics Industry
北京•BEIJING

图书在版编目（CIP）数据

人人都是销售高手 / 销售大玩家著 . —北京：电子工业出版社，2022.2
ISBN 978-7-121-42914-9

Ⅰ. ①人… Ⅱ. ①销… Ⅲ. ①销售－通俗读物 Ⅳ. ① F713.3-49

中国版本图书馆 CIP 数据核字（2022）第 022293 号

责任编辑：张振宇
印　　刷：北京盛通印刷股份有限公司
装　　订：北京盛通印刷股份有限公司
出版发行：电子工业出版社
　　　　　北京市海淀区万寿路 173 信箱　　　邮编：100036
开　　本：880×1230　1/32　印张：8.25　　字数：157 千字
版　　次：2022 年 2 月第 1 版
印　　次：2022 年 2 月第 1 次印刷
定　　价：78.00 元

凡所购买电子工业出版社图书有缺损问题，请向购买书店调换。若书店售缺，请与本社发行部联系，联系及邮购电话：（010）88254888，88258888。
质量投诉请发邮件至 zlts@phei.com.cn，盗版侵权举报请发邮件至 dbqq@phei.com.cn。
本书咨询联系方式：（010）88254210，influence@phei.com.cn，微信号：yingxianglibook。

目录

CONTENTS

第五讲 谈论购买动机而非阻力 049

第六讲 背景问题问得好，跟进客户没烦恼 069

第七讲 打造朋友圈人设，用好感促成交 089

第八讲 巧用信息影响客户的购买决策 101

第十三讲 常见异议处理（上） 171

第十四讲 常见异议处理（下） 195

第十五讲 逼单三原则 219

第一讲
25小时成为销售高手

人人都是
销售高手

CHAPTER 1

你好，我是“销售大玩家”，大家习惯叫我“玩家”，欢迎来到销售冠军（以下简称“销冠”）的世界！

1. 做一个会说话的销冠，远比你想象的容易

大家应该都听过“一万小时定律”吧？它是作家马尔科姆·格拉德威尔在《异类》一书中提出的定律：人们眼中的天才之所以卓越非凡，并非天资超人一等，而是付出了持续不断的努力。一万小时的锤炼是任何人从平凡变成世界级大师的必要条件。

想成为某个领域的专家，需要一万小时的练习。如果每天工作8小时，一周工作5天，则需要5年才能成为专家。举个例子，想掌握基本的英语对话，你只需掌握2500个单词，但想成为专家，则需掌握大约5万个单词。

我的销冠笔记

人们眼中的天才之所以卓越非凡，并非天资超人一等，而是付出了持续不断的努力。一万小时的锤炼是任何人从平凡变成世界级大师的必要条件。

我的销冠笔记

只需经过25小时（一万小时的0.25%）的练习，销售就能掌握80%以上的谈单技巧。

问题是，你真的想成为专家吗？其实，如果你想超越80%的人，只需做很少的练习，少到可能连你自己都不敢相信的程度。你只要掌握一套正确的方法论，花5%的精力就能达到95%的效果。

我做了10年培训才发现，大多数销售其实不会说话，公司培训时教的销售话术大多是错的。其实，只需经过25小时（一万小时的0.25%）的练习，销售就能掌握80%以上的谈单技巧。想超越大多数销售轻而易举，但想达到专家级别，则需持续练习。

有很多人天生就是销售高手，遗憾的是，我不是。我刚做销售时特别胆小，不敢去谈单，遇到强势的客户就非常软弱，经常被经理训斥，非常狼狈。后来我掌握了一套正确的方法论，很快就成为销冠，后来又成为销售教练。

现在，我把这套方法论传授给你。这可能是最能帮你赚钱的一套方法。你无须一口气读完本书，只需读完每一讲就马上运用其中的方法，这样就能迅速奏效。

销售说话的套路其实是有迹可循的，就像下象棋一样。象棋是有一套基本规则的，比如象走田、马走日，如果有人下棋时用马走田，你会说这是不被允许的。读完本书，你会惊奇地发现销售的过程也有一套既定的规则，大家都在按套路出牌。所以，别人采取的每一个步骤都应在你的意料之中，你也要知道应对的方法。但我发现大部分销售并未经过专业的训练，没有学过系统的课程，不了解这些规则。所以，你能读到这本书，我首先要恭喜你终于找到了一个正确的参考范本。

现在，请准备开启你的销冠之路吧。

2. 销售说话为什么需要套路

（1）从“杂牌军”到“正规军”的必经之路

我经常说，销售应该掌握一套方法论。简

我的销冠笔记

销售说话的套路其实是有迹可循的，就像下象棋一样。

我的销冠笔记

每个公司至少要有一套规范的话术，销售团队才有可能变成“正规军”。

单来说，它就是一套话术，即销售应该如何接洽客户，如何挖掘客户的需求，如何介绍产品，如何回答客户提出的种种异议，最后是如何找客户要钱，而且是站着把钱要了，让客户付得心悦诚服，让自己收得心安理得。总而言之，这是一套用来指导销售好好说话的方法论。

我给任何公司的销售团队做辅导时都会制作一本手册，主要把我平时用到的话术写下来，按照规定的流程把它罗列出来。每个公司至少要有一套规范的话术，销售团队才有可能变成“正规军”。这就像给了大家标配武器一样，不然会出现“八仙过海，各显神通”的局面，每个人各有一套方法，无法互相配合，别人也难以复制。

我有时和销售一起出去谈客户，结果发现我们根本配合不了，我说到一个点，他却跑偏了。由于我们没有统一的战术，他不了解我的思路，我只能严厉地对他说：“我说话的时候你别插嘴。”

乱战经常会误伤自己人，因为拳脚无眼。但

在武侠电影里，武当派一出去，战前大喊一声“布阵”，一群人就散开了，互相配合得很好。这么多人一起上阵也不会误伤自己人，原因就在于大家对每一个步骤都心领神会。这就是统一套路的产物。

如果公司只考核业绩，不管产品是怎么销售出去的，就会出现很多售后问题。有的销售会做出虚假承诺，比如卖一张沙发，承诺三个月后送一个贵重礼品，然后他领完提成就辞职了，结果客户来公司要礼品，影响就不好了。有的销售则通过旁门左道签下单子，每次和客户谈到关键处，都不像正规公司那样光明正大地行事。这就要求公司有一套规范的销售流程。

（2）让新人快速成长

销售团队随时会有新人进来。这些人都是怀着对公司的憧憬，抱着大干一场的念头来的，公司怎么才能让他们快速上手呢？这就要求公司有一套行之有效的方法。

我的销冠笔记

如果公司只考核业绩，不管产品是怎么销售出去的，就会出现很多售后问题。

我的销冠笔记

出单是留人的最好方式。

这正是本书要讲述的内容。我曾让很多公司脱胎换骨，从“杂牌军”变成“正规军”，不仅带来销售业绩的增长，还使人员培养周期大为缩短，新人的留存率明显提升。

我在做销售管理培训时经常讲的一句话是：“出单是留人的最好方式。”

新人渴望成长，他们往往不缺激情，缺的是方法。只要新人成长得够快，公司的很多问题就能迎刃而解。

公司单纯依靠人来做传帮带的时候会发现：第一，老员工永远是不够用的，僧多粥少；第二，很多时候结果并不令人满意，以前部分老员工是“老油条”，现在新员工也被带成了“新油条”，让人心碎了一地。

以前很多老板不敢招人的一个重要原因是担心成本太高，那你现在可以放心大胆地招人了，因为本书能让你招来的人立刻就有产出。

（3）实现团队业绩最大化

销售团队最重要的不是要培养出多少销冠。说实话，有些人天生是销冠，不是培养出来的。这种人即使不在你的公司干，到别的公司很可能也是销冠。这跟其性格有很大关系，只不过他恰巧进了你的公司。

团队里只有一个超级明星是很危险的。只要方法得当，完全可以把普通人培养成优秀的销售。让销售团队的业绩在平均水平之上，这个难度系数其实很低，管理者完全可以做到。打个比方，要求学生每次都考95分以上确实有难度，但要求每次都考七八十分就很容易了。

总而言之，想成为一个优秀的销售，只需25小时的系统训练，就能轻松做到；想打造一支优秀的销售队伍，让团队业绩最大化，也很容易实现。

我的销冠笔记

想成为一个优秀的销售，只需25小时的系统训练，就能轻松做到；想打造一支优秀的销售队伍，让团队业绩最大化，也很容易实现。

第二讲
掌握主动权是成交的最短路径

人人都是销售高手 | CHAPTER 2

我的销冠笔记

多数人觉得游泳是在水里学会的，但我告诉大家，真正的高手大多是在岸上学会的。

大家觉得游泳是在岸上学会的，还是在水里学会的？

多数人觉得游泳是在水里学会的，但我告诉大家，真正的高手大多是在岸上学会的。

我有个朋友40多岁了，以前只能游10米左右。有一天，他下定决心把游泳学好，于是就找了一个很好的教练。他以为教练会告诉他应该怎么游泳，没想到教练拉了一个瑜伽垫过来，放在泳池旁边，让他趴在上面反复练习游泳动作。

泳池人来人往的，其中好多是小朋友，他这么大年纪的人趴在瑜伽垫上练习，觉得好丢人啊！他就问教练："我还要练多久？"

教练给他的答案是："当你把这些动作练到形成肌肉记忆了，练习就算完成了。"

对销售来说，就是要把整个销售流程练到形

我的销冠笔记

练好基础动作是非常重要的。

成"肌肉记忆"一样，本能地知道客户说什么话该往哪儿接或带到哪个方向去，无须每次都调动自己的记忆。这是需要经过大量训练的。

我那个朋友在瑜伽垫上练了4小时，结果一下水就吓了一跳，第一次游就超过40米！他没想到自己变得这么厉害了。这说明什么？练好基础动作是非常重要的。

我问大家一个问题："你是在哪里学会唱歌的？"

很多人说自己只是随便唱唱，是自学的，或是在KTV里学的。

如果你的唱功是在KTV里练出来的，我就知道你的水平是什么样的。声乐老师才不会先教你唱歌，而会先教你发音。只要每个音都发准了，你唱什么歌都好听。

我教销售方法也一样，会先给你讲基础动作，再告诉你怎么练习这些动作。

1. 你会吵架吗

在讲整套销售流程之前，我先问一个问题："你会吵架吗？"

有个朋友说："我每次吵完架都觉得自己没发挥好，就会琢磨该怎样去接对方的话。可当我想好了，再去跟对方吵一次时，对方不按套路出牌，又提出一个新的问题，我又没办法回答了。"

这特别像销售与客户之间的关系：客户总会提出很多问题，很多销售要么回答得不好，让客户不满意，要么事后想起来，觉得自己当时换个说法会更好。

我以前在一家公司上班时，看见两个中年女同事在吵架，一个非常强势，一个非常弱势。当时是在去度假村的路上，她俩坐在汽车后座吵，我坐在前排"斗地主"，没细听吵架的内容。过

我的销冠笔记

客户总会提出很多问题，很多销售要么回答得不好，让客户不满意，要么事后想起来，觉得自己当时换个说法会更好。

我的销冠笔记

我认为，吵架有一个非常重要的秘诀，就是永远不要接话。

了一会儿，身后突然变得很安静，我就回头看一下什么情况，发现有一个人在哭泣。你猜是谁哭了？不是特别弱势的那个人，而是特别嚣张、嗓门特别大的那个人。

我当时特别不理解，那个强势的人一直在发脾气，哭什么呀？很多年后，我明白了，因为她的情绪没有得到释放。

举个例子，你在家里跟老公吵架时说：“你怎么能这样做呢？”老公不辩解，只是说：“不用说了，我错了。”因为你的情绪并未得到疏解，你就会追问：“你到底错在哪里了？”老公又说：“不用说了，我哪里都错了。”老公这种态度不像在认错，你可能就会被气哭。

我认为，吵架有一个非常重要的秘诀，就是永远不要接话。假如别人说你抠门，你千万不要说“我哪里抠门了”，不然就掉到坑里了。如果你这么说了，别人就会说：“你不抠门，那就请大家吃饭吧。”接下来，你就要完成一系列这样的指向性动作。

再如，老婆问你："昨晚给你发信息的女人是谁？"你说是普通朋友，她又会接着问："普通朋友会在晚上12点以后问你睡了吗？"这个问题你怎么解释都说不清楚。

那么，应该怎么做呢？你应该把老婆拉到一个她也不占理的事情上。比如，你问老婆："你是怎么知道我手机密码的？你为什么大半夜不睡觉，要查看我的手机？"她这两件事情都不占理，很可能就不再追究异性半夜给你发信息的事了。

当然，我在这里不是要告诉你怎么战胜爱人，只是告诉你吵架时永远不要接话，而是要掌控谈话。

2. 掌控谈话

在和客户沟通的过程中，销售也要掌控谈话。

我的销冠笔记

在和客户沟通的过程中，销售也要掌控谈话。

我的销冠笔记

看是谁在掌控谈话有两个标准：一是谁提问，谁掌握主动权；二是谁提要求，谁掌握主动权。只需看谈话过程中是谁在提问或提要求，就知道谁掌握了主动权。

很多人会说："有些客户要求很多，很强势，我怎么掌控谈话？我控制不住他啊！"

这种情况很正常，但销售可以通过一些技巧来应对。

（1）谁提问，谁掌握主动权；谁提要求，谁掌握主动权

看是谁在掌控谈话有两个标准：一是谁提问，谁掌握主动权；二是谁提要求，谁掌握主动权。只需看谈话过程中是谁在提问或提要求，就知道谁掌握了主动权。

访谈类节目通常就是嘉宾说得很多，主持人说得很少。比如，主持人问嘉宾创业过程中遇到最难的事情是什么，嘉宾就会说很长时间。然后，主持人问嘉宾当时有没有想过放弃，嘉宾会说没想过放弃……虽然嘉宾说得很多，主持人只是旁敲侧击地提醒他一下，但整个谈话是主持人在掌控的。因为谁提问，谁就掌握主动权。

为什么说谁提要求，谁掌握主动权呢？举个例子，你知道几万元和几百元的红酒尝起来有什么区别吗？像我这种木头舌头的人就分辨不出来。但是，如果有人在旁边讲解，让你把酒倒进杯子里，拿起来对着灯光看一下成色，然后深吸一口气，闻一下香气，先喝一小口，让舌头感受一下，再喝一大口，用舌头搅拌一下，然后吞下去，你就会觉得这个人很内行。因为这个人一直在给你提要求，他就掌握了主动权。

很多时候，你只有提出要求，客户才会觉得你给的优惠是真的。如果你什么要求都没有，直接把东西给客户，他就不会珍惜。

大家想一想，在和客户沟通的过程中，谁在掌握主动权？通常销售会说："是我在掌握主动权。"刚开始确实是你，但到最后就会变成客户在掌握主动权。因为你该讲的东西都讲完了，客户就会提问，或提各种各样的要求。这时你会发现单子能不能签下来，要看客户的心情。因为节奏和主动权都不是掌握在你手中，客户想和你签就签，不想和你签，你就只能等着。

我的销冠笔记

很多时候，你只有提出要求，客户才会觉得你给的优惠是真的。如果你什么要求都没有，直接把东西给客户，他就不会珍惜。

我的销冠笔记

面对客户一开始的提问，你不想回答时应该怎么处理呢？我教你两个方法：一是摁住客户不让他说话；二是学会反问客户。

所以，想掌握主动权，你就要主导谈话，不要被动地回应客户。

有的人就有疑问了："玩家老师，客户提问，我能不回答吗？我不回答的话，显得多没礼貌啊。"

你当然要回答，但要分情况、分时候。刚开始，客户的提问你几乎可以不用回答。当你介绍完产品和报价后，客户的提问就一定要回答了。因为客户前期的提问没有明确的指向性，通常是想到哪儿说到哪儿，后期问的则是产品的匹配度，即这个产品是否符合他的要求。客户这时会对产品与自己的需求进行一个深度的链接。回答客户的异议后，你就可以进入逼单环节了。如果你在这个阶段没有解决关键的异议，客户通常就会跑到别人家了。

面对客户一开始的提问，你不想回答时应该怎么处理呢？我教你两个方法：一是摁住客户不让他说话；二是学会反问客户。

（2）摁住客户不让他说话

每次我说到“摁住客户不让他说话”，大家都会笑道：“我怎么摁得住客户？我控制不住他呀！”

有一个方法是先不回答客户的问题，尤其是在一对多的情况下。如果我到客户的公司做路演，在讲解的过程中，有一堆人七嘴八舌地提问，我要不要回答？千万不要，因为我一回答，就会引来更多的人提问，整个节奏就乱了，我的整场表现力也会被破坏。

我一般会先夸奖一下提问者：“这是一个非常棒的问题，等一下我会专门留出时间来回答。我先把这个环节给大家讲解完。”

这招很有效。所以，当你在介绍产品时，你就这样摁住客户，先把你想讲的内容讲完。通常客户不会拒绝你的要求。等你讲完了，你再问客户刚才提的问题是什么。很多客户会告诉你现在没问题了。有的客户甚至忘了刚才的

我的销冠笔记

我一般会先夸奖一下提问者：“这是一个非常棒的问题，等一下我会专门留出时间来回答。我先把这个环节给大家讲解完。”

我的销冠笔记

求职者会提出很多问题，怎么办？HR就可以用我教的销售技巧先摁住他："你问的这几个问题非常棒，每个求职者都很关心这些问题，等一下我会专门留出时间来回答你。你的简历写得比较简单，我有几个问题能不能先向你了解一下？"这样，HR就顺利地掌握了谈话的主动权。

问题，因为那时候的问题还比较模糊，没有明确的指向性。

这个方法，我在招聘过程中也经常会用到。

例如，我们公司的HR在给求职者打电话时会说："你好，请问是张三吗？"

张三问："你们是什么公司？"

HR说："我们是玩家教育。"

张三问："你们招什么职位？"

HR说："销售。"

张三问："你们的销售一个月能挣多少钱？你们公司在什么位置？"

求职者会提出很多问题，怎么办？HR就可以用我教的销售技巧先摁住他："你问的这几个问题非常棒，每个求职者都很关心这些问题，等一下我会专门留出时间来回答你。你的简历写得比较简单，我有几个问题能不能先向你了解一下？”这样，HR 就顺利地掌握了谈话的主动权。

（3）学会反问客户

每次说到这里，大家都觉得我不好好说话：“明明是客户问你问题，你却要反问客户。”

其实，大家可以换个角度来理解：我是为了更好地回答客户的问题才去反问的。

比如，客户问：“你们的套餐到底多少钱？”

你只能先给他一个模糊的报价：“6 万到 60 万元不等，具体要看您的需求是什么。请问您要给多少人使用呢？您主要想满足哪些需求呢？您不妨先跟我聊聊。”

这样你就把问题抛给客户了。其实，你并不是不想明确回答，而是因为你对客户的具体情况确实不了解，没办法直接报价。

我的销冠笔记

大家可以换个角度来理解：我是为了更好地回答客户的问题才去反问的。

我的销冠笔记

反问客户就是化被动为主动，把客户的问题稍微包装一下，然后再抛给客户。

在反问客户的时候，你不要加太多说明，比如“不是我不给您报价，而是因为报高了，怕您跑了；报低了，怕您觉得我们产品的质量不行”。客户听了这种话，可能会反感。

如果客户说你们的价格太高，你可以跟他说：“请问您和其他家对比过吗？您对比的是什么类型的产品？您对比价格高的，就会觉得我们的产品便宜；对比价格低的，当然会觉得我们的产品贵。这跟您的参照物有关。”

如果客户问交付周期大概多长，你可以跟他说：“我们平时的交付周期大概是30天，具体要看您有没有特殊的工艺要求。请问您有什么特殊要求吗？”

其实，反问客户就是化被动为主动，把客户的问题稍微包装一下，然后再抛给客户。因为你提问的目的是为了更好地回答客户的问题，所以一定要缩小问题的范围。比如，朋友问你什么时候吃饭，你要问他：“你想吃什么？你想吃炒菜的话，那我们马上就能吃；你要是想吃火锅，那我们得出去吃。”朋友要先告诉你他的需求是什么，你才能告诉他什么时候吃饭。这就是一个很简单的化被动为主动的例子。

销售要始终把主动权、主导权抓在自己手中，这是能够成交的最短路径。

我的销冠笔记

销售要始终把主动权、主导权抓在自己手中，这是能够成交的最短路径。

第三讲
成交比拒绝更容易

人人都是
销售高手

CHAPTER 3

我的销冠笔记

成交比拒绝容易得多，因为提出请求的一方永远占有主动权。

我想和大家讨论一个问题：“你觉得客户是拒绝你容易，还是和你成交容易呢？”

很多销售会说：“当然是客户拒绝我容易了！客户只要说一句不要了，不考虑我们的产品了，就直接把我打发了。”

但我要给大家一个信念：成交比拒绝容易得多，因为提出请求的一方永远占有主动权。

举个例子，朋友跟你说：“我最近手头紧，想跟你借点钱。”

你说：“我没钱。”

他说：“你是不是还没发工资？”

你说：“是的。”

他说：“那你什么时候发工资？”

我的销冠笔记

人都有动恻隐之心的时候，情绪状态其实不是很稳定，一直是起伏的，可能在某个点上就特别容易“被成交”。

你说：“15号。”

他说：“那我15号再来借钱。”

他15号又没借到钱，就开始威胁你：“平时大家都是朋友，等到借钱的时候，你却闪开了，我又不是不还你。我现在确实是遇到困难了，你就不能帮我一下吗？你少借我一点也行。”

你就动了恻隐之心，跟他说：“我是想帮你，但我确实没钱。”

他就跟你说：“那你先别急着还信用卡，把钱借给我一个星期，我周转开了就还给你，还赶得上你的信用卡到期还款日。”

你一听就觉得特别不靠谱，只好拒绝他，但他继续纠缠你：“你今天就借给我吧，不然我明天还来。”

他会反复提出成交的请求，你要拒绝他无数次，而同意的话，只要一次就行了。

为什么人们见到乞丐有时会给钱，有时不给呢？人们给或不给看什么呢？很多女孩说：“我们都很有原则，我们的原则就是看心情。”但是，人都有动恻隐之心的时候，情绪状态其实不是很稳定，一直是起伏的，可能在某个点上就特别容易“被成交”。为什么女人在晚上更喜欢刷卡消费呢？因为女人晚上比较感性，比较冲动。人们心情好的时候花点钱容易理解，心情不好的时候更容易冲动消费，想让自己开心一点。

1. 成交绝对不是一劳永逸的事

小孩跟着父母逛商场，看见喜欢的东西就想买，一遭拒绝，轻则给父母脸色看，重则撒泼打滚，为什么？因为他在尝试，反复尝试，就像销售里的反复成交一样。

大家要记住一点：成交绝对不是一劳永逸的事。

我的销冠笔记

成交绝对不是一劳永逸的事。

我的销冠笔记

成交的16字法则：死缠烂打，软磨硬泡，威逼利诱，反复成交。

我以前做电话销售时总结出一个规律：给一个客户打11～14次电话最容易成交。不是一次就能搞定客户的。那么，打一通电话就成交的有没有？也有，但毕竟是少数。因为提出请求的一方永远掌握主动权，所以你要反复向客户提出成交的请求。

我还总结出成交的16字法则：死缠烂打，软磨硬泡，威逼利诱，反复成交。

也就是说，永远不要轻易放弃一个客户，客户有时候想不通，你要多给他一些“被成交”的机会。

2. 销售和客户是平等的

销售在跟客户打交道的过程中一定要有极强的平等意识。

我见过很多销冠，无一例外都很自信。一个

不自信的人在交易过程中的动作一定是变形的，而且极易变成一个弱势销售。

虽然我说要死缠烂打、永不放弃，但你要知道最容易的成交是，客户是被你个人或你们公司吸引过来的。客户为什么会被你吸引？因为你有实力。有实力的另一个标志是，你在客户面前表现出极强的平等意识。你缺不缺客户？你可能也缺客户，但你让客户觉得你是一个不太缺客户的人。

我记得顺丰快递出现过一次丢件的事情。客户怀疑是快递小哥偷了物品，快递小哥就很生气地说："我一个月挣2万多元，怎么会偷你这点东西？"快递小哥表现出的这种自信和平等意识就征服了很多人。

销售表现出平等意识，也可以征服一些客户。我认识一个互联网广告销售，客户让他便宜点，他非常直接地让客户不要还价。客户觉得很奇怪，也很生气，心想砍价很正常啊。销售就说，客户砍掉的几百元其实是他的提成，售后服

我的销冠笔记

虽然我说要死缠烂打、永不放弃，但你要知道最容易的成交是，客户是被你个人或你们公司吸引过来的。

我的销冠笔记

做销售一定要有非常强的平等意识，不要谄媚客户。

务还要他来提供，到时他只要帮客户做得好一点，就不止几百元的价值。客户一听有道理，就没再还价。

这让我感受到销售有强烈的平等意识是多么重要。我还见过一个微商团队长，他在客户面前表现出来的姿态就是："我今天是给大家一个跟我合作的机会。之前跟我合作的人都赚到钱了，那些没跟我合作的人都没有眼光。"

一听逻辑好像不太对，但他在现场的感染力非常强。他在客户面前表现出一副"跟我合作是你最正确的选择，我确实能带你赚到钱"的姿态，在现场征服了很多人。

所以，做销售一定要有非常强的平等意识，不要谄媚客户。不然就算这个单子签下来了，你可能也不像你想象的那么开心。

第四讲
晒价值开场，引发客户兴趣

人人都是销售高手 | CHAPTER 4

我的销冠笔记

整个销售流程可分为五大部分——开场白、挖需求、介绍产品、解决异议和逼单。

整个销售流程可分为五大部分——开场白、挖需求、介绍产品、解决异议和逼单，下面我一一道来。

第一部分就是开场白，即如何破冰。

开场白最大的目的是引发客户兴趣，让你接下来有机会介绍产品，挖掘客户的需求。开场不好，客户可能扭头就走了。

下面介绍三种类型的开场白：

第一种是晒价值，即介绍产品的价值，以此吸引客户。如果客户有这方面的需求，就很容易一拍即合。

第二种是风险预警，即讲一个客户特别关心的问题，分析它可能给客户造成什么损失，客户就会比较感兴趣。

第三种是信任嫁接，即用客户相信或认识的人来建立信任。信任这个东西是很难建立的，但它极易嫁接。

当然，还有其他类型的开场白。比如，有人打电话的声音很好听，有磁性，客户一听就感觉不错，愿意听下去，对他感兴趣。我们公司曾辅导过一名学员，他讲话一副台湾腔，很多客户就很有兴趣听他讲下去。我觉得这种开场白也很棒。

本讲重点讲晒价值开场白。怎么做呢？一共有四个步骤：第一步是确认信息，第二步是秀肌肉，第三步是包装诱饵下钩子，第四步是号召行动。

1. 确认信息

什么叫确认信息？这很容易理解，就是一开始要确认对方是不是你想找的人。比如，你一打

我的销冠笔记

晒价值开场白四步骤：第一步是确认信息，第二步是秀肌肉，第三步是包装诱饵下钩子，第四步是号召行动。

扩展阅读

风险预警和信任嫁接开场白

电话就说“王总，您好”“李总，您好”“王哥，您好”“李姐，您好”，以确认对方的身份。

2. 秀肌肉

第二步比较重要，要秀肌肉，也就是要讲清楚你是谁、你有多牛。这蛮重要的，因为客户喜欢和有实力的人合作。为什么很多微商大佬需要买豪车、别墅？为什么很多人喜欢在抖音炫富？因为炫富让人觉得这个人有钱，愿意接近他。

我刚开始做抖音号时，每次讲到销售技巧，很多人就在下面怼我：“玩家，你说你这么厉害，那你一个月挣多少钱？”还有人说：“你怎么不比马云还有钱呀？”这个道理是什么？大家觉得你本身就很牛，你讲的东西才有用。现在怼我的人当然少点了。

有人在教人做抖音号的技巧，说：“你的播放量为什么始终卡在500次上不去？”网友一看

我的销冠笔记

第二步比较重要，要秀肌肉，也就是要讲清楚你是谁、你有多牛。这蛮重要的，因为客户喜欢和有实力的人合作。

我的销冠笔记

展示你实力强，别人就会对你有好感。

这个人自己才500个粉丝，不管他说得对不对，都会质疑道："你能不能先把自己的账号做起来再说？"因为大家不认可他。

我经常听到销售在逼单的环节说两类话，第一类是："还差您这一单我就能当销冠了！这次您帮了我，以后有用得着我的地方尽管提，我一定会报答您的。"第二类是："如果这一单开不了，我就要被公司开除了。这是我大学毕业后的第一份工作，我非常想干好，您能不能帮帮我？"

这两种逼单的方式有没有用？都有用，但哪一种更有用呢？肯定是第一种，因为第二种会让客户担忧："万一你被开除了，我的售后就更没有保障了。"而且，大多数人喜欢锦上添花，很少有人会雪中送炭。比如，银行就喜欢贷款给那些不差钱的企业，而特别缺钱的企业去找银行却贷不到款。所以，展示你实力强，别人就会对你有好感。

所以，你在第二个环节一定要讲清楚你是谁、你有多厉害。我在做自我介绍时就会说：

“在抖音的‘销售知识’类别中，我的粉丝是最多的，我的账号也做得很好，周播放量大概有1000万次。”这用来佐证我是一个很牛的人。

3. 包装诱饵下钩子

什么是包装诱饵下钩子？大多数情况下，我会给客户展示一个我们服务过的案例，而这个案例和客户的情况是极其接近的，客户自然就会产生代入感，觉得自己也是这样。你不要讲和客户差别太大的案例，要让客户听完就觉得自己也遇到这种情况，很想知道你们是怎么处理的。比如，客户说他最近在闹分家，你就说你们刚处理过一个类似的案例，帮某人解决了分家的难题。客户说他最近在装修房子，你就说你们刚帮某个业主装修过。这种说法很容易让客户有代入感。

这一点非常重要。如果案例讲得好，客户被你吸引了，就很容易成交。

我的销冠笔记

什么是包装诱饵下钩子？大多数情况下，我会给客户展示一个我们服务过的案例，而这个案例和客户的情况是极其接近的，客户自然就会产生代入感，觉得自己也是这样。

我的销冠笔记

我会直接告诉客户我是做什么的，我服务过哪个客户，您是因为这个客户来找我的，那您一定也和这个客户有同样的需求和问题。这样很自然就能转化客户。

我见过很多人在会场加别人的微信时说“你的衣服真好看”“你的气质真好”，然后不断发广告信息去骚扰人家。这时对方就会很反感，因为你是用一个理由加他微信的，却用另一种方式在和他相处，这本身就有问题。我的做法就不一样，我会直接告诉客户我是做什么的，我服务过哪个客户，您是因为这个客户来找我的，那您一定也和这个客户有同样的需求和问题。这样很自然就能转化客户。

4. 号召行动

号召行动就是，要么加微信，要么见面，要么有更深入探讨的机会。

号召行动的前提是，你设置了一个诱饵，让客户加你的微信，说你会发份资料给他。比如，卖房子的说：“我整理了今年上半年的土地拍卖价格，如果各位有需要，我可以发给你们。”卖车的说：“我总结了一下2021年出的新款，列了一个最值得购买的车系的排行榜，如果您需要的话，我发给您看看。”其实，这种资料随处可得，但对信息不对称的人来说是有用的，他们就愿意加你的微信。

下面我讲几个案例，让你对晒价值开场白的四个步骤有更直观的印象。

假设你是某装饰公司的销售，可以这样给客户打电话：“王先生，您好！您是不是 × × 小区的业主？”这是确认信息。对方说是的话，你就要开始秀肌肉：“我们是本地最大的装饰公司，这个小区有1/3的房子是我们装修的。我叫 × × 。”接下来，你要稍微包装一下诱饵：“您知道吗？二单元的王先生家跟您家的户型是一样的，他找了一位香港设计师，光设计费就花了30多万元。他家的设计图和效果图我都有，要不要我发给您看一下？装修效果确实不错，如果您家还没装修的话，可以做个参考。我方便加一下您的微信吗？”你这时设置了一个诱饵，就是你加完微信会有份资料发给他。客户一听这个设计好像挺好，能省30多万元，就会加你的微信。

我的销冠笔记

号召行动就是，要么加微信，要么见面，要么有更深入探讨的机会。

我的销冠笔记

销售要告诉客户不买也没关系，跟他说“我有一些资料发给您，以便您决策”，效果就会好得多。

很多销售在打电话过程中有个问题，就是讲完案例没有设置诱饵，导致客户没有加微信。因为销售并未告诉客户有什么资料要发给他，客户会以为加微信后要买东西才能获得资料。所以，销售要告诉客户不买也没关系，跟他说“我有一些资料发给您，以便您决策”，效果就会好得多。

再以汽车销售为例，你给客户打电话：“您好，是福特的王总吗？”客户说是，你就说：“我们是本地最大的广告公司，我是汽车板块的负责人××。”秀完肌肉后，你要展示一个相似的案例：“上个月17号，我们帮雪佛兰做过一场活动，当场就卖了100多台车！”讲完成功的案例后，你接着说：“我们所有的客户都是线上邀约的，而且成本控制得非常好，不知王总明天有没有时间？我想当面向您做个汇报。”福特的经销商听到竞争对手做得那么好，一定会感兴趣，你就能获得面谈的机会。

如果你在一些沙龙遇见新朋友，希望添加微信互相认识，应该怎么做呢？

我的销冠笔记

举个例子，我去参加一场医美沙龙，主办方给我30秒自我介绍的机会，我会怎么见缝插针地把自己推销出去，并让大家加到我的私域里来呢？我会按上面介绍的四个步骤来做。

首先，我会说："感谢××邀请我来参加今天的沙龙。"

接下来，我要秀肌肉了："我是专门做销售培训的，很多500强公司是我的签约客户，我是他们的销售教练。我在抖音有300多万粉丝，全网加在一起有500万粉丝，是销售知识类的头部大V。"

秀完肌肉，我就要包装诱饵了："上个月26号，我帮某医美机构做了一场现场签约沙龙，当场成交率达到75%，收款超过800万元！我总结了会销成交的12个要点，各位有需要的话，等一下扫我的二维码，加一下微信，我会把相关资料发给你们。"

我若是个卖房子的，就会说："感谢大家邀

我的销冠笔记

你要有一个“号召行动”的步骤，让大家知道怎么能找到你，这也很关键。

请我来参加这样一个聚会。”

然后，我就要秀肌肉了：“我在杭州市有7套房，名下总共有十几套房。”我一讲完，大家自然就会觉得我很厉害。

我接下来就要包装诱饵了：“我也帮朋友买过房，累计超过200套。我的目的是让大家赚钱。各位如果对买房置业这方面有需求的话，可以加我的微信。您不一定从我这儿买，但我可以给您几个建议，保证您能赚到钱。”

这就是一个完整的晒价值开场白。当然，你最后要告诉大家：“我的二维码在这里，等一下我到群里发个红包，大家加我一下。各位有需要可以来找我。”你要有一个“号召行动”的步骤，让大家知道怎么能找到你，这也很关键。

在上述四个步骤中，哪个最重要呢？我觉得都挺重要的。

课后作业

请根据上述四个步骤，写一个属于你自己的晒价值开场白。

学习知识本身很重要，但更重要的是你要把它转化为自己的东西。本讲的目的之一就是，不光我讲得爽，你还能听进去，并把它变成属于你自己的开场白。这才是真正有价值的东西。知识最终服务的是什么？你的行动，你的改变。这也是我希望得到的结果。相信我，你赶紧写作业吧。

我的销冠笔记

学习知识本身很重要，但更重要的是你要把它转化为自己的东西。

第五讲
谈论购买动机
而非阻力

我的销冠笔记

你一定要抓住客户对你感兴趣的窗口期，多搜集相关信息。

你的开场白很精彩，客户对你有点兴趣了，那你接下来要怎么跟客户聊天呢？

1. 抓住窗口期

大多数销售不会跟进客户，主要是因为缺少客户信息，不知道客户的实际情况，不知道客户的喜好，不知道客户之前有没有对比过竞品，不知道客户最近在想什么。这些情况如果你都了解，自然就有很多办法说服客户。但是，如果你前期获取的客户信息比较匮乏，在跟进时就没有抓手。所以，你一定要抓住客户对你感兴趣的窗口期，多搜集相关信息。

还有一种情况是，你已经加了客户的微信，但他很长一段时间没什么反应，直到有一天你发了一条爆赞的朋友圈信息，他才问你那个产品是怎么卖的。这就是一个窗口期，很多销售就傻傻

我的销冠笔记

我一般不建议给客户发产品资料。

地把产品资料发给客户了。

为什么这个时候不能给客户发产品资料呢？想象一下，一旦你把资料发过去，就会陷入非常尴尬的境地。客户会告诉你：“好的，我先看一下。”接下来，你们的聊天就会变成：“您看了吗？”客户的答案有三种：第一种是“还没看”，你只好催他赶紧看；第二种是“没看完”，你会催他赶紧看完；第三种是“看不懂”，因为很多产品资料写得不太好，客户看了半天不明其意，想看的内容也没看到。所以，我一般不建议给客户发产品资料。

当客户问我能不能把产品资料发给他看一下时，我会第一时间回复道：“您有空吗？占用您两分钟，我给您简单讲解一下。您自己看资料可能要花一小时，我给您讲两分钟就搞定。请放心，我不是要卖东西给您。”

有的客户会说：“你不发资料就算了。”遇到这种情况怎么办？我问过很多销售，多半会选择发资料，拗不过客户。但我劝你，大多数时候能不发就不发，算了就算了。如果客户很强硬，你当然要温和一点，可以说："我不是不给您发资料，而是希望根据您的实际情况整理一份属于您自己的资料。所以，我能不能占用您一点时间，也就两分钟，跟您沟通一下？或者您方便的时候给我打电话也行。公司要求我们一对一和客户沟通，以免产生误解，也能保证您获得更好的体验。"

即使要发产品资料给客户了，你还是要先给客户打个电话，或者争取一次微信语音沟通的机会。为什么我不鼓励用文字沟通呢？因为双方都没耐心。打字实在太浪费时间了，而且每次发到关键时刻，客户就失联了，半天才回一句"不好意思，刚刚孩子闹了，我去哄孩子了"，甚至直到第二天才回一句"不好意思，我昨晚睡着了"。这种沟通是随时可能断线的。在用文字传递信息的过程中很难共情，这会破坏沟通的气氛。所以，你一定要有掌控感，争取一次与客户语音沟通的机会。

相信我，语音沟通一次胜过文字沟通一个

我的销冠笔记

在用文字传递信息的过程中很难共情，这会破坏沟通的气氛。所以，你一定要有掌控感，争取一次与客户语音沟通的机会。

我的销冠笔记

语音沟通一次胜过文字沟通一个星期，而一次见面又胜过语音沟通一个星期。

星期，而一次见面又胜过语音沟通一个星期。所以，如果可以的话，你要尽量邀约客户见面。

为什么客户这个时候愿意和你语音沟通呢？因为这是窗口期，客户的需求相对来说比较旺盛，你这时提出一些请求就比较容易得到回应。再说了，你的请求本质上也是为了更好地服务客户。

如果你深夜在微信朋友圈“放毒”，发了几张美食照片，就很容易被拉黑，因为大家看着就嘴馋。有人会问你：“这看起来蛮好吃的，是哪家店的？”通常情况下，如果你告诉他店名，或者顺势放个二维码，他就会扫码下单，或者直接呼叫美团外卖。但是，如果你跟他说：“不好意思，我今天喝多了，明天早上再告诉你。”第二天一早清醒了，你再给他发某烧烤店的信息，他就不感兴趣了。因为在他最有兴趣的时候，你摁住了他的需求，事后他已经失去兴趣了，你再给他提供这个信息就没必要了。

我们经常开玩笑说，女孩子有时候需要男朋

友就像跳伞时需要降落伞一样，如果男朋友当时不出现，以后也没必要出现了。所以，当客户有需求时，你要第一时间抓住这个窗口期。

2. 谈论客户的动机

窗口期你抓住了，客户也同意和你语音沟通了，接下来该聊什么呢？这也是很困扰销售的一个问题。

有销售跟我说：“我不是不愿意给客户打电话，也不是不愿意和客户见面，但我是小白，经常会出现尬聊，不知道和客户聊什么，聊着聊着就把客户聊跑了。用文字聊吧，我还能向身边的高手请教，或者到群里问别人：‘客户这样发，我应该怎么办？’但是，在语音沟通的过程中，我的反应没那么快，又不能向别人求助。”

反应没那么快，那你就记住：刚开始聊天时，通常要从客户的需求入手，尤其是客户主动

我的销冠笔记

女孩子有时候需要男朋友就像跳伞时需要降落伞一样，如果男朋友当时不出现，以后也没必要出现了。所以，当客户有需求时，你要第一时间抓住这个窗口期。

我的销冠笔记

刚开始聊天时，通常要从客户的需求入手，尤其是客户主动找你时，你要问他为什么选择你们公司。

找你时，你要问他为什么选择你们公司。这是一个非常微妙的问题，很容易让客户把自己的需求讲出来。

假如你是一家装饰公司的销售，可以问客户："您为什么选择我们公司？"

客户可能会说："我只是想对比一下。你以前加过我的微信，发的朋友圈信息还挺吸引人的，我觉得你不错。"

这时你会发现客户至少是认可你的，不然他不会找你。

我在这里问各位一个问题："你为什么要读销售类图书？"

我问这个问题时，读者是不是会暴露一下自己的需求？

有的读者会说："因为我对产品不是很懂。"

我的销冠笔记

有的读者会说："因为我对销售技巧不是很懂。"

有的读者会说："因为我对如何与客户交流和销售流程不是很懂。"

好，我再问第二个问题："为什么你选择我写的这本书？"

有的读者会说："因为我觉得你挺专业的。"

有的读者会说："因为我以前听过你的线上课程，觉得你讲得很好。"

你看，读者只能夸我，我这就是问了一个好问题。

然后，我会告诉读者："你真有眼光！我一定会尽全力，给你一个满意的结果。"

这就是一个很好的问题。所以，请放心大胆地问客户这样的问题。

我的销冠笔记

问客户为什么现在有这样的需求，通常就会把客户的需求往上提升一个维度，让客户更有紧迫感。客户有没有紧迫感真的很重要。

然后，我会问读者第三个问题："你为什么现在想读这样一本书？"

问客户为什么现在有这样的需求，通常就会把客户的需求往上提升一个维度，让客户更有紧迫感。客户有没有紧迫感真的很重要。

总结一下，你一定要学会谈论客户的动机。记住，谈论最微弱的动机也好过谈论阻力。什么叫谈论最微弱的动机？就是谈论客户为什么要做这件事。

3. 不要谈论客户的阻力

什么叫谈论客户的阻力？就是谈论客户为什么不买这个产品，为什么不选择你们公司。有时，谈论这些问题会强化客户的抗拒。

举个例子，跟女朋友谈崩了，有的男士就紧抓不放，问她为什么要分手。这是个好问题吗？

绝对不是。为什么要分手，你一定要听理由吗？很多时候，对方就会拼命想一些理由，比如“因为我们不合适”“因为你有很多缺点”“因为我配不上你”，反正想出的理由都是两人在一起不合适。

所以，情侣面临分手时，也要会问好的问题。不想分手的一方应该问：“你看当初咱俩那么难，为什么还是选择在一起？”“当初咱俩为什么会走到一起？”这时对方回想起来的都是过去美好的时刻，觉得这个人其实也是有优点的，他某些地方曾经打动了自己。这就是一个好问题。

假如男朋友送你一个礼物，你会问他什么问题？很多人会问：“为什么送我礼物呀？”这种人简直就不配收礼物！有人更夸张，会想是不是男朋友做了什么亏心事。这种人一辈子都不配收礼物！我给大家一个参考答案：“亲爱的，你为什么对我这么好啊？”这个问题问得多棒！对方能回答什么？他只能答道：“因为我爱你。”“因为你值得呀！”“我不对你好，对谁好呀？”大家

我的销冠笔记

假如男朋友送你一个礼物，你会问他什么问题？很多人会问：“为什么送我礼物呀？”这种人简直就不配收礼物！有人更夸张，会想是不是男朋友做了什么亏心事。这种人一辈子都不配收礼物！我给大家一个参考答案：“亲爱的，你为什么对我这么好啊？”

我的销冠笔记

一个人能不能说出甜言蜜语，有时也取决于对方能不能提出正确的、非常巧妙的问题。

想不出有其他答案。由此可见，一个人能不能说出甜言蜜语，有时也取决于对方能不能提出正确的、非常巧妙的问题。

我再讲个故事吧。我有个朋友到日本出差，买了一条项链准备送给一位男性朋友。礼物倒也不是很贵，只是他怕被老婆看见产生误会，于是把它放在厨柜里，然后就去上班了。晚上回来后，他发现这个礼物已被拆开了，放在茶几上。老婆坐在沙发上，面无表情地看着项链，一声不吭。

如果是你，这时打算用什么样的开场白？

我朋友怕解释不清楚，一开始想着要不要翻聊天记录给老婆看，后来斗胆说了一句："没想到还是被你发现了。"

老婆转过身来，面无表情地看着他，停顿了三秒，然后说了一句："结婚三周年纪念日，我以为你忘了。"

此刻，他面临的选择是要钱还是要命，于是

他果断选择了要命，跟老婆说："你看，我本来想给你一个惊喜，结果还是被你发现了。"

然后，他就跟那位男性朋友解释道："不好意思，给你的礼物被我老婆没收了。"

我对此深有体会。我曾在"小米众筹"买了一个头部按摩仪，因为众筹的产品发货比较慢，一两个月后就把这件事忘了。有一天突然收到货了，是我爸爸签收的。他就给我发了一条信息："谢谢，生日礼物已经收到。"我一看时间正好跟他的生日对得上，就顺水推舟："你喜欢就好。"我总不至于情商那么低，跟他说不是买给他的吧？

你看，问好的问题既能得到满意的答案，又能得到礼物，是多么好的事情啊！当我和客户聊到中间阶段，有点聊不下去时，也经常用这个方法，即回到客户的动机这个环节来，提出一些比较好的问题。

聊不下去的时候，很多销售就会问客户：

我的销冠笔记

当我和客户聊到中间阶段，有点聊不下去时，也经常用这个方法，即回到客户的动机这个环节来，提出一些比较好的问题。

“您在纠结什么？”

这是一个好问题吗？如果你想找出客户真正的异议，这肯定不是个好问题。因为你这样问，客户就会想：“我为什么纠结？肯定有理由啊。第一，我没钱。第二，你们的产品太贵了。第三，我想看看有没有更好的选择。”

所以，这时你是不能去问此类问题的，而要回过头来问客户：“您看我们在一起待了两小时，您对我们的产品肯定是有兴趣的，不然不会聊到现在，对吧？”

客户听了会想：“是啊，我已在这里待一下午了，肯定是对这家公司的产品有所期待的。”

你看，这就是一个很好的问题。

4. 问出客户的需求

除了问客户的动机外，你还需要问哪些问题？一共四类，即钱、权、需求和竞品信息，统称为背景问题。

问动机，其实就是在问需求。那么，什么叫作客户的需求？首先，我给“需求”下一个定义。需求，是人们对现状不满产生了想要改变的欲望。这里有一个关键词——“不满”。客户因为对现状不满了，才有行动的愿望。

大家有没有换过手机？肯定有啊。那么，大家是出于什么原因想换手机呢？有人说：“只要新款一出来，我的老款瞬间就不吃香了。”当然，这也是一个原因，但很多人是因为手机内存不够用了，或者续航时间太短了。总之，大家换手机是因为对旧手机不是特别满意了。

大家有没有换过工作？很多人都经历过，原

我的销冠笔记

需求，是人们对现状不满产生了想要改变的欲望。这里有一个关键词——“不满”。客户因为对现状不满了，才有行动的愿望。

我的销冠笔记

销售高手要做的，不是把客户的需求渲染得多么大，而是把客户的需求升级到比较紧迫的程度。

因各种各样：有的觉得这份工作没有发展前途，有的对老板不满，有的说不喜欢同事，有的干脆说因为挣钱太少。总之，因为对这份工作丧失信心了，觉得没希望了，就想换工作。

出现此类情况的时候，人的不满已经到了行动的临界点。

回到销售上来，就是要弄清楚客户有没有需求。客户绝对有需求，不然不会天天跟你聊天、咨询。但是，一谈到要付一笔很大的费用，客户就会本能地往后躲，因为还没到行动的临界点。就像沟通需要花时间一样，做所有事情都需要成本，所以客户要综合考量。

举个例子，我大学毕业后在上海工作，有一年秋天想买一件比较潮的羽绒服过冬，就去商场逛了一圈。我发现自己好穷啊，看中的衣服都买不起，而买得起的又看不上，结果什么都没买就走了。大概过了一个多月，上海下了一场大雨，气温骤降12度。我当晚就去大润发买了一件羽绒服，管它是什么款式、颜色，只要买得起就买。

为什么？因为我冷啊。我当时挑选羽绒服就一个标准——厚。我也不知道那件羽绒服暖不暖和，反正看着很厚就买了。为什么我之前那么纠结，后来变得这么痛快？因为我的需求在那一刻达到顶点。

当人们的需求被压抑得非常厉害时，爆发的那一瞬间能量就会特别大，促使人们迅速做决定。同理，销售要做的就是让客户想象出一个比较紧急的场景来。所以，销售高手要做的，不是把客户的需求渲染得多么大，而是把客户的需求升级到比较紧迫的程度。

客户的需求分为三种类型：隐性需求、显性需求和燃眉之急的需求。销售要做的就是把客户的隐性需求和显性需求上升为燃眉之急的需求。因为不管有隐性需求还是显性需求，客户都不会立刻做决定，只有在燃眉之急的需求出现时才会立刻敲定这件事。

这个道理其实不难理解，就像孩子们都知道要做暑假作业一样，但很多孩子不等到快开学了

我的销冠笔记

客户的需求分为三种类型：隐性需求、显性需求和燃眉之急的需求。销售要做的就是把客户的隐性需求和显性需求上升为燃眉之急的需求。

我的销冠笔记

很多人每天早上醒来第一件事就是看时间，但不是看该不该起床了，而是看还能睡多久。客户的心理也一样。

就不动笔。很多人想早起，但不等到快迟到了那一刻就不起床。很多人每天早上醒来第一件事就是看时间，但不是看该不该起床了，而是看还能睡多久。客户的心理也一样。

我有段时间在上海一家公司做电话销售，那是电视购物的黄金时代。我们公司卖的是文胸，电话全部打给女士。我第一天去上班，发现公司大约200名销售坐在一起打电话，戾气非常重。他们说的全是“你知道老公为什么不爱你吗”“你知道如何变得更丰满吗”之类的话，吓我一跳。

我们老板也是位女士，说这些销售就是要戳客户的痛点。但我觉得这种语言风格不妥，就问她客户感觉如何。她说：“客户很生气，跟我们对骂。我们骂客户，客户骂我们，最后客户说：‘我就买一套试试，要是没效果，一定打电话投诉你们！’”

虽然这个方法不可取，但它确实很好地帮公司完成了销售业绩。

我不提倡销售跟客户吵架，后面会讲到更好的方式。但是，销售一定要清醒地认识到：客户想购买产品是因为对现状有所不满，只要你抓住这种不满，就有机会促使客户做出购买决定。

我的销冠笔记

客户想购买产品是因为对现状有所不满，只要你抓住这种不满，就有机会促使客户做出购买决定。

第六讲
背景问题问得好，跟进客户没烦恼

人人都是销售高手 | CHAPTER 6

1. 学会问背景问题

如何挖掘客户的痛点呢？有一套方法论是1988年尼尔·雷克汉姆发明的，叫作顾问式销售技巧，也叫SPIN销售法。它由四种类型的问题组成，分别是背景问题、难点问题、暗示问题和收益问题。流程是先收集客户的信息，然后找到客户的痛点，再把痛点和需求放大，最后告诉客户你可以帮他解决这个问题。

开场时问客户一个非常好的问题："您为什么来找我？"这是一个关于需求的问题，属于背景问题中的一种。

客户愿意和你聊天了，你就要问下面四个问题。

我的销冠笔记

顾问式销售技巧，也叫SPIN销售法。它由四种类型的问题组成，分别是背景问题、难点问题、暗示问题和收益问题。

我的销冠笔记

首先问权，要问到底谁当家。我的经验是不管公司多大，是不是有采购部门，是不是有执行副总，找到一把手永远是有用的。

（1）问权

首先问权，要问到底谁当家。我的经验是不管公司多大，是不是有采购部门，是不是有执行副总，找到一把手永远是有用的。你千万不要相信这事应该找采购人员。因为有时你跟采购人员聊了很久，到一把手那里却被一票否决，浪费了很多感情。所以，虽然公司里有相关对接人，大家还是喜欢找到一把手，因为他有实权。

所以，一般我在开场时就会问："您是公司负责人吗？""你们公司还有没有其他股东？""家里是您做主吧？""这个钱由您出吧？"其实，我问来问去都是这个问题，就是问权。

（2）问钱

问钱，就是要试探性地了解一下客户大致的预算。你一定要考虑客户的消费能力，再决定给他推荐什么样的产品。倒不是说一定要看人下菜碟，但确实是有钱的客户或预算足一点的客户更容易成交。

当然，我也不是直接问客户有没有钱。我看很多销售太直接，问客户预算是多少。客户说出预算的可能性不大，即使说出来了，也不太准确，除非他对这个行业特别了解。大多数客户会说："我最近打算把房子装修一下，虽然知道大家喜欢什么风格，但不知道大概要花多少钱。"客户的意思是："你看着办吧。你就装修成那个样子，告诉我需要多少钱，我看看是不是在我能接受的范围内。"客户很多时候就处于这种茫然的状态，所以你要事先考虑其消费能力。

相亲的时候，有的女孩不直接问对方有没有房子和车子，而是含蓄地问："你家小区的停车位多少钱？"一箭好几雕，这就是一个很有水平的问题。

我以前做 To B 广告销售的时候，一般会问客户："你们公司大概一年能做多少单？"问出接单数量，再乘以客单价，不就算出一年的销售额

我的销冠笔记

问钱，就是要试探性地了解一下客户大致的预算。你一定要考虑客户的消费能力，再决定给他推荐什么样的产品。

我的销冠笔记

每一个客户来找你的时候，其实内心深处已经做好了被你成交的打算，就看你的产品是不是契合他的需求，他内心的需求能不能被你点燃了，你的价格他能不能接受。

了吗？然后，用年销售额乘以行业平均毛利率，我就知道这个客户一年能赚多少钱，再决定给他推荐多大的广告套餐。

有时，我会问客户："你们公司现在有多少人？"员工数量也是一个指标，这决定了公司的规模。

我也会问客户："你们公司在哪里？"有的在郊区，有的在市中心，那也不一样。

如果你是装饰公司的销售，可以问客户住在哪个小区，这样就知道那是个高档小区还是普通小区，大致的预算也就心中有数了。如果客户住的小区还不错，你还可以夸一下："你们那个小区住的都是有钱人，都是有头有脸的人。"客户听了就很受用。

卖服装、皮包的老板会教销售怎么看顾客的手表、皮鞋、皮包、皮带等，以此判断这个人有没有钱，先了解一下他的购买力。

（3）问需求

问需求，我会在一开始就问。问这个问题是为了抓住客户，增强客户的动力。我经常讲一句话："每一个客户来找你的时候，其实内心深处已经做好了被你成交的打算，就看你的产品是不是契合他的需求，他内心的需求能不能被你点燃了，你的价格他能不能接受。"所以，问需求很重要。

（4）问竞品

第四个问题就是问竞品的情况。对新手来说，这个问题特别敏感，会不好意思跟客户提。

你知道销售小白和销售高手最大的区别在哪里吗？高手其实是不太害怕失去客户的，拜拜就拜拜，下一个客户会更好。倒不是说高手不缺客户，只不过他们不太在意客户的脸色。如果客户稍微一板脸，你就想自己是不是哪里做得不够好，那我觉得你这段感情就维护得很卑微。谈恋爱式地宠着客户，我不建议这样做。

我的销冠笔记

你知道销售小白和销售高手最大的区别在哪里吗？高手其实是不太害怕失去客户的，拜拜就拜拜，下一个客户会更好。

好的销售敢问客户关于竞品的问题："除了我们，您还考虑哪几家？""除了看我们的产品，您还看过哪几家的产品？您打算再看几家？"

销售要了解客户的实际情况，顺便也可以问一下过往。假如客户以前买过同类产品，比如汽车，销售就可以问："您以前开的是什么车？现在呢？"为什么要问这个问题？如果客户以前用的产品和现在用的产品有连续性的话，你就知道他对这种产品的优点是比较认可的。如果客户用了另一种差别较大的产品，说明他对之前的产品不太满意，你就要重点关注它的缺陷。所以，问一下客户对竞品的看法是有好处的。

只有对上述四类问题掌握透彻，你后面在跟进客户时办法才足够多。

2. 跟进客户的三个阶段

为什么很多人不会跟进客户？根本原因是掌

握客户信息不够多，当然就没话聊了。你要是跟朋友在一起，可能从早聊到晚都没问题，但你跟一个陌生人有什么可聊的？

其实，销售无非是要跟客户聊一些他的需求，去给他匹配最合适的产品，给他提供一些决策依据。这也是我接下来要讲的如何跟进客户的方法。

跟进客户的时候，很多销售会问一个问题："该怎么去跟？"

很多销售跟进客户的方法特别少，只会说几句逼单式的话："王总，您考虑得怎么样了？""您还在考虑我们的产品吗？""您是不是不考虑我们了？""您还有什么问题请跟我说。"这种话几乎不会得到客户的回应。

客户在考虑一个产品的时候，通常会经过三个阶段：海选阶段、筛选阶段和决策阶段。

客户有某种需求的时候会去找一些供应商，

我的销冠笔记

客户在考虑一个产品的时候，通常会经过三个阶段：海选阶段、筛选阶段和决策阶段。

我的销冠笔记

在海选阶段，只要你报价不太离谱，就不会被客户淘汰。但你也没必要把价格报得特别低，因为还没到比价阶段。就像还没到谈婚论嫁的阶段，你就告诉对方要给多少彩礼也不合适一样。

可能一下子会找很多家：买车时要看好几个品牌，一个品牌还要选好几个经销商；买房时要看好几个开发商，选装饰公司时也要比较好几家……客户几乎任何一项重要决定都要货比三家，这就是海选阶段。

客户海选的目的，就是要选出几家比较靠谱的供应商，看谁给的东西比较实在，服务也不错。所以，在海选阶段，只要你报价不太离谱，就不会被客户淘汰。但你也没必要把价格报得特别低，因为还没到比价阶段。就像还没到谈婚论嫁的阶段，你就告诉对方要给多少彩礼也不合适一样。

进入筛选阶段时，客户就会开始问："你们的产品是什么价格？有没有其他优惠？能不能再便宜点？"

客户经常会跟你确认这些细节，你该怎么处理？这时就要看你的排序了。若你是被询价的第一家，无论你报什么价格，客户还会找别人对比一下。若你是被询价的第二家或第三家，客户前面已经找好参照物了，只要你报的价格特别合适，他可能就在你这里定下来了。如果客户在第二轮比较之后还没决定选谁，那么进入决策阶段可能就剩一两家备选了。如果你有幸还在他的目标范围内，他就会来找你，问你能不能再便宜点，赠品能不能再多送点。这时已进入关键阶段了，如果你没有特别多的优势和独特之处的话，我劝你有优惠券赶紧放，有政策赶紧给。当然，“放”和“给”也要注意技巧。比如，你要向客户要承诺，问他是否再优惠点就可以下单了。也就是说，你要开始逼单了。这个时候逼单往往效果不错。

针对这三个阶段的不同特点，我有一些提示。

如果是在第一个阶段即海选阶段，你问客户考虑得怎么样了，希望他有什么问题可以问你，那你得不到太多回应。即使客户有问题，这个阶段也不会来问你，会去问其他销售。所以，在这个时候，你发此类信息几乎没用。那你应该给客户发什么类型的信息呢？其实，发什么信息并不

我的销冠笔记

我的销冠笔记

一个销售总是期待客户回信息，说明他内心很脆弱。

重要，重要的是你要发。

如果客户不回复你，我告诉你三个字：一直发。

我每次上课这样讲，大家就会笑道："我要是一直发，被客户拉黑了怎么办？"

不用太担心，做销售一不要软弱，二不要怕。

另外，还有一个理念要澄清：客户不回信息和不看信息是两个概念。

请注意：一个销售总是期待客户回信息，说明他内心很脆弱。

想说服一个人，你就不要太在乎他是不是有反对意见。正因为他有反对意见，才需要你去说服。你想卖东西给客户，客户有点反对意见很正常，但你要记住：你要持续影响客户的判断。因为客户的判断要有依据，客户购买东西的过程就是一个收集证据、收获信心的过程，所以你要在这个过程中去影响客户最终的判断。

那么，应该怎么做呢？

举个例子，我想向朋友借点钱，就给他发信息："我最近手头比较紧，想借点钱，你看方不方便？"

我看见这条信息朋友已阅，但他没回我。请问这正不正常？太正常了，这年头收到这种信息特别多。虽然我长得很帅（开玩笑啦），但我也有自知之明，知道钱是不好借的。

这时候怎么办？我要做的就是再给对方发一条信息："我可以给你两分的利息，大概一个月就能连本带利还你，到时你给我一个卡号就行了。"

对方又没搭理我，我就再接再厉，给他发第三条信息："我也不是跟谁都借钱的。我向你

我的销冠笔记

你要持续影响客户的判断。因为客户的判断要有依据，客户购买东西的过程就是一个收集证据、收获信心的过程，所以你要在这个过程中去影响客户最终的判断。

我的销冠笔记

销售给客户发信息、跟进客户的目的，并不是要让客户立刻想买，这不太现实，而是要转变客户的想法，让客户在决策时天平逐渐倒向自己这边。

开口是鼓起了很大勇气的，跟别人都没好意思张口。我就是觉得跟你还聊得来，才冒昧地向你借钱。如果打扰你了，实在抱歉。如果你手头方便或者看见信息的话，请回复我一下。”

虽然对方看了这三条信息都没搭理我，但他内心会不会发生一些变化呢？如果他被影响到了，那我的目的就达到了。

销售给客户发信息、跟进客户的目的，并不是要让客户立刻想买，这不太现实，而是要转变客户的想法，让客户在决策时天平逐渐倒向自己这边。这才是跟进客户的正确策略。

总结一下，应该怎样跟进客户呢？第一，不要软弱。第二，不要怕。销售高手敢问客户竞品信息和更多问题。如果客户实在不给你机会了，你也可以问一下：“王总，这是不是意味着我们被淘汰了？我们是不是一点机会都没有了？”这样有时能问出更多问题来，结局也许会反转。

3. 让自己变得有价值

很多销售有过这样的窘境：本想让客户倒向自己，结果客户还没倒下，自己却先倒下了，被客户拉黑了。

这种情况是有可能甚至经常出现的，但你一定要有非常清晰的认知：客户拉黑你，不是因为你不停地发信息，而是因为你给他发的信息不对或者没有价值。

客户认为你没有价值，可分为以下几种情况：

（1）你本身对客户没有价值

什么叫有价值？想象一下，有位重要领导给你发信息，你绝对不会拉黑他。

假设雷军给我发消息，说“朋友圈第一条信息帮我点个赞”，我也不会拉黑他，甚至会

我的销冠笔记

客户拉黑你，不是因为你不停地发信息，而是因为你给他发的信息不对或者没有价值。

主动说："雷总，我已经点过了，要不要找更多人来帮您点赞？如果需要的话，我还有很多朋友，可以发动大家一起帮您点赞。"因为这个人很有价值，即使他天天骚扰我，我也不会拉黑他。

我偶尔会把手机拿出来，跟人说我有某明星的微信，可以看一下她最近在横店拍戏怎么样。

（2）你发的信息的价值含量不够

信息的价值含量不够，分四种情况：

第一种，总问客户在不在。

销售很喜欢问客户在不在。曾有一个销售问我："老师在不在？"我看到这条信息时已经过去一小时了，就回复道："我在。"他却杳无音信，过一小时又给我发一条信息："老师现在在不在？"这就很让人崩溃。

发微信时有事说事就好，何必问对方在不

我的销冠笔记

发微信时有事说事就好，何必问对方在不在？微信等聊天软件本身就是一个在线留言和沟通的工具。

在？微信等聊天软件本身就是一个在线留言和沟通的工具。

假如看见小明家着火了，我肯定不说废话，直接发信息告诉他：“你家着火了，速回。”我会不会先问小明在不在？不会。我也不会发视频或者发朋友圈提醒他一下：“小明，你看你家房子正在燃烧，赶紧回来。”这样发出去，我怕被他打。在这种情况下，我直接给他留言就好了。

第二种，喜欢发问候类信息，比如“早安”“晚安”。

发这种类型的信息好不好呢？我认为，这单纯只是为了刷存在感。如果真的要刷存在感，请你用心一点，给客户点赞并认真评论。给客户发祝福时，你一定要说哪天你们在哪里做了什么事，非常感谢他对你工作的支持。发祝福时要走心，千万不要群发信息。

但是，这种问候类信息要想转换到业务上来，是很难做到自然的。

我的销冠笔记

给客户发祝福时，你一定要说哪天你们在哪里做了什么事，非常感谢他对你工作的支持。发祝福时要走心，千万不要群发信息。

我的销冠笔记

问候类信息如果想链接到业务上，需要给客户情绪转折的时间。

我有一次出差时收到一条信息，那个销售温馨提醒我天天在外面讲课要注意安全，现在新冠疫情时有反复，要保重身体。我一看还挺感动，就给他回了一条信息，感谢他有心提醒。结果，他立刻就回复道："上次您看的那套房子考虑得怎么样了？"这给我什么感觉？就像有句话说的："当初有多热情，现在就有多套路。"这个销售给我发的两条信息的弯拐得有点急，衔接不够自然。所以，问候类信息如果想链接到业务上，需要给客户情绪转折的时间。

第三种，发纯属骚扰类信息。

发这类信息最容易被拉黑。人们最不喜欢什么信息？一是求人给他的朋友圈第一条信息点个赞，关键是人们往上拉他的朋友圈，发现上面一条也是同样的信息。二是求人帮他的孩子投个票，每天可投三票，投完截图给他。三是求人帮忙砍价，人们会想："难道我在你朋友圈的存在价值就是帮你砍价？"四是动不动就检测自己是否被拉黑了……

第四种，广告刷屏。

如果微信朋友圈全是广告，而且经常刷屏，销售可能就会直接被客户拉黑了。

下一讲专门介绍怎样打造朋友圈人设，我在这里就不展开讲了。

我的销冠笔记

第七讲
打造朋友圈人设，用好感促成交

我的销冠笔记

人设最重要的三个标签是“真实可信”“有温度”“专业”。这三方面内容占微信朋友圈的比例应为1:1:1。

人设最重要的三个标签是“真实可信”“有温度”“专业”。这三方面内容占微信朋友圈的比例应为1∶1∶1。具体来说，销售的朋友圈应该发什么类型的信息呢？

1. 发个人爱好类信息

销售既然是一个活生生的人，就应该有自己的爱好，且这个爱好是可以晒出来的。比较好的爱好有瑜伽、跑步、摄影、健身等。你可以在每天的固定时间把这个爱好晒出来，它会成为你一个非常鲜明的标签。

晒爱好这种方式是很好的。很多人喜欢你，是因为他自己做不到而你做到了，你活成了别人想要的样子。这时你再和客户建立联系就会容易一些，因为他羡慕或佩服你身上有某种特质。

我的销冠笔记

故事类信息主要有四种：一是个人爱好，最好在固定时间发；二是自拍照；三是家庭温馨场景；四是社交活动。

个人爱好属于故事类信息。故事类信息主要有四种：一是个人爱好，最好在固定时间发；二是自拍照；三是家庭温馨场景；四是社交活动。

2. 发价值类信息

价值类信息通常由以下三种组成：

第一种，最简单的就是点赞送福利。

我的同事开心老师以前喜欢晒自拍，后来我跟她说可以偶尔给大家送点福利，她就做了一个点赞送某样东西的活动，结果发现点赞的人很多。这个方法很简单。其实，很多人看过你的朋友圈，只是没有给予回应，这时你给大家送福利，跟你互动的人就多了。

让大家点赞就完了吗？不，这条信息和你的业务相关，你要提高曝光率。只要你在这条朋友圈信息下面评论，所有点赞的人就会收到一条提示信息。这条信息不是你刻意发给他们的，而是微信朋友圈自动发送的，不算骚扰。所以，这种方法很有意思。

第二种，发一些共性类的知识，讲一些生活小常识。

什么是共性类的知识？比如，我教大家一个简单却能幸福一整天的方法：早上起床后第一个小时坚决不碰手机，而是先刷牙洗脸，然后健身或者看书，一小时后再去摸手机，这样就会一天能量满满。如果你早上一睁眼就摸手机，很可能一小时后还是躺在床上玩手机，开始了一整天的恶性循环。这就是一个生活小常识，你可以发朋友圈分享给大家。

我发现脾气差的人往往会获得更多的“尊重”。因为在成年人的世界里，谁也没办法轻易摧毁别人，一旦知道某个人不好惹，就会比较“尊重”他。刚参加工作的销售懂得克制、忍让、谦逊固然重要，但人生中该吵的架也不

我的销冠笔记

很多人看过你的朋友圈，只是没有给予回应，这时你给大家送福利，跟你互动的人就多了。

我的销冠笔记

大家发朋友圈，很多时候就是怕孤独和不被看见。你从这几个方面去分享信息，就会有很好的反响。

能少。因为吵完架，新人往往会发现老员工对他“尊重”一点了，其他部门的人跟他沟通时也会“尊重”他的看法了。我这条朋友圈信息一分享出去，大家纷纷点赞。其实，我分享的只是一些共性类的知识。

第三种，给客户提供其他机会。

比如，朋友正在招人，我就帮他发一条招聘广告：收入不错，谁感兴趣可发私信，我推荐给你。这就是给别人提供机会。

如果有个朋友正在转让一套房子，我也会顺便帮他推广，一来跟他呼应一下，二来告诉他为了帮朋友，我不惜动用自己的资源。

大家发朋友圈，很多时候就是怕孤独和不被看见。你从这几个方面去分享信息，就会有很好的反响。

3. 发广告类信息

销售要发的第三大类就是广告信息，这也是最重要的。你的朋友圈人设打造得够好了，既真实，又有温度，能不能不发广告？不行，你必须发广告，这样才有转化率。但是，你发的广告不能太硬了，否则大家会反感。现在大家喜欢的是植入式广告，你可以在广告中加上这些元素。

第一种是炒作热点，也叫蹭热度。比如，你说“比尔·盖茨都离婚了，你看我还在卖保险，我比他还靠谱”，这叫蹭热点。你看谁出了什么问题，就说如果是你，会提前给自己买什么保险。你看电视剧《欢乐颂》里谁家的装修不错，就说如果是你，你会再做什么样的调整。借一个热点来给大家讲解、普及相关知识，我觉得这挺棒的，也是一种很好的打广告方式。

第二种是发客户的反馈截图。有的客户跟我说：“你们的课程真棒！”我就会截图，然后引

我的销冠笔记

你的朋友圈人设打造得够好了，既真实，又有温度，能不能不发广告？不行，你必须发广告，这样才有转化率。但是，你发的广告不能太硬了，否则大家会反感。

我的销冠笔记

一个客户的见证胜过销售说千言万语。

导他，问他有没有跟客户成功签单。如果他说今天刚签了个单子，我就会把截图发到朋友圈里："感谢 ×× 对我们的信任，我们训练营帮助他顺利地签下这个单子。"这可不是我吹的，是客户说的。这种截图通常会获得不错的反馈，所以很重要。

一个客户的见证胜过销售说千言万语。有这种类型的东西，当然要当成一个广告来好好宣传。比如，你可以说："感谢 ×× 对我们的信任，三个月前请我们帮他装修，现在房屋的实景图非常棒，效果让人非常满意！他没有信错人。"这也是做了一波广告，但不是自夸，而是别人夸你，效果不同。

第三种是发公司活动。公司经常会做一些促销或答谢客户的活动，这类信息要不要发？当然要发，但你一定要附上自己的观点。你不能单纯发这个广告，发完一定要截图，并发表评论：这次活动还是挺给力的，以前购买过的小伙伴肯定知道这种活动不常有，所以各位小伙伴要抓紧了。

有人看到后评论了一下你们公司的活动，你要点评一下："上次搞这种活动已是半年前，这次活动力度更大。"

最后，你要注意一件事情，一定要写上"感兴趣的小伙伴赶紧私信我，名额有限"之类的话。

很多人发了公司活动的信息后，没有号召行动。我在第四讲讲过，一定要有"号召行动"这一步，不然客户的行动力就没那么强。人有时候单纯到可怕的地步，你告诉他在什么地方、什么时间找什么样的人，他就会照做。所以，只要你提要求，客户往往就会照做。如果你不提这样的要求，转化率就没那么高。

有时在商店门口打一个箭头，写上"请往此处去""请往里走"，效果就比不打箭头的好，而且箭头越粗，效果越好。人多么简单，多么奇怪啊！

我的销冠笔记

一定要有"号召行动"这一步，不然客户的行动力就没那么强。

我的销冠笔记

信息发得多的时候，一定要有间歇性。

4. 要有好的发圈习惯

朋友圈的内容设计好了，怎样发才能让人感兴趣？发的频次如何才不会被人厌烦？

大家在朋友圈拉黑别人主要有两个原因：一是这个人发的信息跟你没有关系；二是这个人不断刷屏。要是发一条你就忍了，可你一打开朋友圈发现满屏都是他的信息，因为他在很短的时间内密集地发了很多条，你就会厌烦。

现在大家的朋友圈“好友”越来越多，微信已经把上限从5000人调整为1万人了，以至于大家在朋友圈几乎刷不到想看的内容。大家发现自己的朋友圈几乎快被销售类广告占领了。别说微商了，做医美的、卖家具的、做销售的也在刷屏，就连我们卖课的也经常发广告。

信息发得多的时候，一定要有间歇性。只要间歇超过20分钟，客户在刷朋友圈的时候就不会满屏都是你的信息，就不会觉得被骚扰了。即使客户刷了半天朋友圈，多次刷到你，你的信息只是穿插在其他信息里，他还是可以接受的。所以，你不要在很短的时间内密集地发信息，比如两分钟内连续发了很多条信息。

有时客户看你发的一条朋友圈信息还不错，对你比较感兴趣，就点开你的头像看看，结果发现你满屏都是广告，一天发了几十条这种信息。客户就会想象他的朋友圈在某个时刻会被你霸屏，于是就把你屏蔽，不再看你的朋友圈了。所以，我的建议是，每天发3～5条信息就够了。

但是，发3～5条信息不等于只发3～5次。有个方法叫浪潮式发圈。当我有一条很好的内容可发朋友圈，发完大家会纷纷来找我时，我就用这个方法来发。这种朋友圈信息可遇不可求，我不可能每天都生产出来。要是每天能生产一条，我就去写公众号了，肯定能成为大V。所以，我要做的就是上午10点发一次朋友圈，到11点就把这条信息隐藏起来，然后重新发一次，到12点又隐藏重发……每隔一小时隐藏重发，这叫朋友

我的销冠笔记

发3～5条信息不等于只发3～5次。有个方法叫浪潮式发圈。

我的销冠笔记

我们团队测试过，在做大促销、做客户转化的时候，浪潮式发圈的效果不错，所以建议大家用起来。

圈重播时间。因为我在不停地重发，朋友只要打开朋友圈就能看到，心想这条不是看过了吗？点开我的头像一看，发现我今天只发了一条，就猜是我把上一条删了又发一次，不会觉得我做得很过分。

这就叫浪潮式发圈，大家可以借鉴一下。我们团队测试过，在做大促销、做客户转化的时候，浪潮式发圈的效果不错，所以建议大家用起来。

以上就是我关于如何打造朋友圈人设的一套方法论，希望对大家有所帮助。

第八讲
巧用信息影响客户的购买决策

 CHAPTER 8

我的销冠笔记

你给客户的产品未必是最好的，但一定是最适合的。

通过朋友圈人设的打造，相信你已经知道如何成为一名社交达人了。接下来，你还要回到正确地“骚扰”客户的路径上来，持续给客户发信息。

1. 坚信你的产品是最适合客户的

不是说你的产品一定是最好的，你也很难给客户提供最好的产品，但有一件事你要坚信：你给客户的产品未必是最好的，但一定是最适合的。

坚信你的产品是最适合客户的，至少现阶段是最适合的，这一点很重要。更合适，这也是你的产品在很多竞品中脱颖而出的最核心的价值。要做到更好很难，而做到更合适相对容易些。

例如，我去小区门口的五金店买东西时说：

我的销冠笔记

销售在跟进客户的过程中要把握的一个要点是：与其更好，不如更合适。

“你看网上卖得多便宜啊！”五金店老板就说：“网上的东西虽然便宜，但我这个东西更适合你。这个东西你从网上买来不知道合不合适，你也不会安装，还要预约师傅上门安装。你在我这儿买，我顺手就帮你装了。以后你家柜子哪里松动了，灯泡坏了，或线路不通了，我顺手就帮你解决了，谁让我在你家小区门口呢。”

这个老板就提供了一种差异化服务，让我知道网上的东西虽然很便宜，但对我来说，这种东西更适合在家门口买。因为在家门口买东西售后更有保障，至少我认识卖主，而且他的店就在附近，我随口说一句，很多问题就得以解决，不至于在网上费劲地和客服沟通。

我问大家，最好的手机是什么？有人说是苹果，有人说是华为，有人说是三星，每个人的评判标准不同。但是，最适合爷爷奶奶用的也许不是这些智能手机，而是铃声和字都特别大的老年机。这种手机符合老年人的生理状况和生活习惯，所以是最适合爷爷奶奶的。这就是销售在跟进客户的过程中要把握的一个要点：与其更好，不如更合适。

2. 给客户提供有价值的信息

永远要站在客户的角度向内看，朝客户的生活里看。这时你提供的评判标准，每一条都能符合客户自身的利益，就更容易打动他。

从这个角度出发，你可以给客户发下面四类信息，以影响客户的购买决策。

（1）发送跟进信息

假如有个20多岁的客户想买一辆新车，我会先跟他聊天："王先生，您除了看我们保时捷外，还看过其他车吗？"

客户说："我也考虑买新能源汽车，据说特斯拉不错。我也想买奔驰或路虎……"

在购买决策过程中，客户很纠结。于是，我第二天就给他发信息："王先生，昨天您来过我

我的销冠笔记

永远要站在客户的角度向内看，朝客户的生活里看。这时你提供的评判标准，每一条都能符合客户自身的利益，就更容易打动他。

们保时捷展厅。我现在给您一个建议，就是买车时不光要看车的价格，还要看这种车3年后在二手车市场的保值率。像您这么年轻，一辆车是不会开一辈子的，后来肯定是要换车的。买车时，两种车可能价格差不多，但卖车时，您会发现差别非常大。如果您买的车不能保值，到时可就心疼了。”

我这是在暗示什么？新能源汽车不能买，因为保值率太低了。我可以顺便给客户发一条信息：“您现在考虑哪几款车？我可以帮您整理它们在二手车市场的价格，发给您看一下。最近我们在做活动，您有需要的话，可随时联系我。”这就是一条跟进客户的信息，很好。

（2）提供引导信息

如果我想给客户传递更多信息，可以跟他说：“奔驰的保值率大概是80%，我们的车大概是75%，某新能源汽车可能只有50%，捷豹、路虎大概是60%。也就是说，您买的时候都花了100万元，卖的时候可能一辆值80万元，一辆只值50

万元甚至40万元。”这时客户心里就有杆秤了。

当然，如果你是卖新能源汽车的，就不能这么说了，主要讲自动驾驶比较省时省力，还要讲一下这种车的能耗比较低。

第二天跟进客户时，我会说：“王先生，您还这么年轻，我问过朋友，他的建议是您可以考虑夸张一点的车型。因为您身边的朋友都很年轻，您女朋友可能会更喜欢这种车，她的闺密可能也喜欢，这辆车就成了您的社交“货币”。再说了，年轻人开跑车天经地义，虽然年纪大了也可以开，但现在更合适。至于奔驰这种偏商务型的车，等您年纪大一点时再考虑。那时您身边的朋友也稳重些了，您再买一辆商务型的车是不错的选择。我们的车型您是知道的，如果有兴趣，可以过来试驾，感受一下引擎的轰鸣声。我相信您一定会喜欢的！”

你会发现，我是在尝试引导客户。如果他能持续接收我的这种信息，对最终的决策一定会有影响。

我的销冠笔记

我是在尝试引导客户。如果他能持续接收我这种信息，对最终的决策一定会有影响。

我的销冠笔记

这是一个非常重要的环节，即给客户提供购买依据。

（3）提供购买依据

举个例子，买房子时，除了价格、户型外，大家还考虑什么？从客户角度出发的话，你要对客户的上班距离有一个大概的了解。如果客户在城东上班，你非要把一个城西的房子卖给他，这也不是不行，但他决策的时间可能会更长。如果你给他推荐的是城东的房子，就可以说："王先生，您的工作地点在城东，如果您在这里买房的话，每天上班路上就可以节省20分钟。早上20分钟可比晚上一小时还值钱啊！因为现在人们普遍睡眠不足，您早上可以多睡一会儿。而且，这个房子离您爱人的上班地点也比较近，正好处于中间位置，从居家和生活来考虑，便捷性是非常高的，你们的生活幸福指数就会非常高。跟我们一样的楼盘附近大概有三个，如果您需要的话，我可以发给您看看。"

这时我再引导一下，客户很可能就会让我介绍一下这些楼盘。当然，我介绍时会倾向于推荐我们的楼盘，指出我们的优势在哪里。这是一个非常重要的环节，即给客户提供购买依据。

我的销冠笔记

如果客户说考虑买二手房，我会说："二手房的首付比例较高，在同等情况下，如果您买新房的话，能买到更大的户型。如果两三年后您家添丁进口，房子够大的话，您的生活幸福指数就会高一点。"

这就是从客户的决策依据中一条条地向其投递"食物"。我给客户投递了这么多信息，客户最终很可能倾向于买我们的房子。

再举个例子，医美是一个大赛道，很多消费者想让自己变美，但很茫然，不知道该选择什么样的医院和医生，不知道要花多少钱。他们会上网搜索，或问身边的朋友，可大家七嘴八舌，也问不出个所以然来。由于每个人所处的立场不同，看问题的角度也不同，给出的建议就未必很合适。

所以，医美销售跟客户沟通时应该这样说："王小姐，您不要急于选择哪家医院。不是因为我做这个行业，想去争取您这个客户，而是站在您的角度，告诉您该怎么选择医美医院。第一，要看资质，主要有公立医院、私立医院和专科医

我的销冠笔记

这样说的话，会让客户觉得你不只是一个销售，而是一名非常专业的从业人员，给他提供的是客观、公正的建议。

院三类。第二，要看医生，看他们过去的实际接诊情况如何。第三，要上网搜一下这家医院有没有负面新闻，这也是很重要的。这就是我帮客户做选择时的参考标准。”

这样说的话，会让客户觉得你不只是一个销售，而是一名非常专业的从业人员，给他提供的是客观、公正的建议。

假如你是做小商品项目营销的，而现在这样的项目太多了，鱼龙混杂，王小姐正在考虑你的项目，你该怎样发信息影响她的决策呢？你可以说：“王小姐，如果您在考虑的话，首先要看这家公司何时成立。如果公司成立的时间较短，通常是因为他们上一个项目失败了，很可能下一个项目也不会持续太长时间。如果这家公司已经做了很长时间，有5年以上，那您可以考虑。其次，您要看一家公司的产品迭代能力。因为市场变化太快了，做我们这行要不断研发新品，产品迭代能力就很重要。再次，您要看厂家对经销商的态度。有的厂家每次开会必收费，而有的厂家则是正规地给经销商培训，真正给一些扶持政策。”

再举个例子，应该怎样选择销售类培训呢？

第一，看培训师是不是专门做这类培训。如果这个人本来在运营一个销售类账号，突然去做一些情感类培训，那多半不靠谱。像我就一直是做销售培训的，已经做了十几年。

第二，要看培训师有没有实战经验。如果这个人纯粹是个讲师，每天只是在讲课，那他实战经验的积累就会比较少。我在一线做过业务，还带过10年团队，而且上一份工作是在一家培训公司当总经理。

第三，要看公司有没有比较成熟的供应商，有没有大的供应商选择它。这能检验其能力是否得到大机构的认可。和我们公司合作过的企业，比如房地产类就有富力、碧桂园、时代中国、中骏、俊发等，都是中国房地产50强企业。此外，还有AMD之类的世界500强企业。我们平时也会接一些内训，虽然不赚钱，但它们可以为我们做信任背书。所以，我们会挑选一些头部企业来合作。

我的销冠笔记

我的销冠笔记

客户反感的不是信息本身，而是销售发的信息没有价值。

总而言之，销售就是要不断给客户提供购买依据：你是做装修的，就告诉客户怎么挑装饰公司，怎么选择适合自家的风格；你是卖房子的，就告诉客户怎么买房子；你是做医美的，就告诉客户怎么选择适合自己的项目……从这个角度给客户发信息，永远没问题。

（4）发送产品信息

我以前认识一个销售，他从来不发产品信息，只在每天下午4:20左右给我发一个笑话。我有时觉得某个笑话挺好笑，还读给同事听，但我不会向他买东西，因为他没在我面前塑造出专业性。

他给我发的笑话没让我反感，我还觉得挺好玩的。他偶尔几天没给我发，我还很好奇地问他原因。这说明客户反感的不是信息本身，而是销售发的信息没有价值。不是说信息本身一点价值都没有，主要是对客户来说没有价值。

有价值的信息一定要垂直于你的产品和服

务。你提供的信息要对客户做决策有帮助，这才算找到跟进客户的核心了，而不是一味地死缠烂打。

课后作业

请说一说为什么你的产品更适合客户。你想从哪几个角度去分析客户，然后编辑3～5条可以持续发给客户的信息。

期待你写出特别精彩的内容哦！

我的销冠笔记

有价值的信息一定要垂直于你的产品和服务。你提供的信息要对客户做决策有帮助，这才算找到跟进客户的核心了，而不是一味地死缠烂打。

第九讲

找到痛点，放大需求

人人都是销售高手 | CHAPTER 9

现在，你是不是已经学会正确地和客户聊天了？

首先，你利用个人IP去吸引客户，然后用精彩的开场白使其对你产生兴趣，愿意和你聊天。抓住这个窗口期，你开始向客户提问：“您为什么现在来找我？您是不是负责人？您有没有钱？您有没有比较过其他产品？”这四类问题统称为背景问题。接下来，你要帮他分析。

你可以把背景问题理解为“原材料”，从中得出客户现阶段的痛点是什么，以及你和客户是什么样的关系。我在这里下个定义，你们属于“医患关系”，你是“医生”，客户是“病人”。你要通过前面的“望闻问切”了解客户目前的痛点是什么，并帮他分析这个痛点可能造成什么严重后果，然后给他一剂“药方”。这听起来好像也没那么复杂，对吧？

我接下来就讲一下怎么利用客户的痛点。

我的销冠笔记

你可以把背景问题理解为“原材料”，从中得出客户现阶段的痛点是什么，以及你和客户是什么样的关系。我在这里下个定义，你们属于“医患关系”，你是“医生”，客户是“病人”。你要通过前面的“望闻问切”了解客户目前的痛点是什么，并帮他分析这个痛点可能造成什么严重后果，然后给他一剂“药方”。

我的销冠笔记

问针对性的问题，找到客户的痛点。

1. 问针对性的问题，找到客户的痛点

你已经掌握了客户的相关信息，这时就需要得出一个结论，即客户有什么痛点。

我先讲一下自己以前是怎么做的。

我最早是做互联网广告销售的，会跟客户这样聊："王总，您是公司的负责人，对吧？"这是问权。

得到肯定的回答后，我就问："你们公司之前的营业额怎么样？公司有多少人？公司在哪里？"这是问钱。

下一个关键问题是："现阶段你们接单的主要渠道是什么？"

有的客户说他们主要靠老客户转介绍，我就先夸一下："那说明你们公司的口碑很好，服务

做得很棒。”

不过，话又说回来，靠老客户转介绍这种增长方式太慢了。有一大批新兴企业崛起了，而客户的公司还是一家像乌龟一样慢慢爬的传统型企业，说明增长乏力。

有的客户说客源主要靠自然人流。在商场、同类商品聚集地或批发市场，获客竞争压力很大，因为里面很可能有好几个竞争对手。如果客户说“这个地方就我一家”，那就更没人流了，消费者不会为了这一家店专门跑一趟。还有客户说“我的店开在繁华地段”，这样租金会很高，成本就很高，而且现在人们都不怎么逛街了，都在逛淘宝、玩拼多多、看抖音来购物了。

有的客户说他们主要靠销售，有自己的销售团队。这很棒，但也有缺点。管销售团队的时候压力大不大？人际关系是不是很难协调？蛋糕是不是分得公平、合理？现在这么多公司不愿养销售团队，除了难管理外，成本也很高。没有一定的经济实力是养活不了销售团队的，因为大家做

我的销冠笔记

你已经掌握了客户的相关信息，这时就需要得出一个结论，即客户有什么痛点。

我的销冠笔记

关于客户的痛点，我于是得出如下结论：靠老客户转介绍，客户增长缓慢；自然人流越来越少了；店铺地段特别好，人流量大，但租金高；招销售团队，则人工成本太高。

销售就是想赚钱。为什么现在有很多电销公司？最大的原因是成本上升，获取的利润不足以养活一个销售团队了。

关于客户的痛点，我于是得出如下结论：靠老客户转介绍，客户增长缓慢；自然人流越来越少了；店铺地段特别好，人流量大，但租金高；招销售团队，则人工成本太高。然后，我会有针对性地讲一些案例来说明这个问题可大可小，问题小，改改还是有机会的，只是会损失一点利润；问题大，则公司可能就消亡了。

你到香港会发现，街边没有太多糖水小吃店了，大多是珠宝店、药房之类。因为谁的收益高，谁才付得起高昂的租金，收益低的小店就被挤出去了。

接下来，我还要问竞品信息："您有没有从网上接过订单？"

有的客户说："有，我们做过百度推广。"

就拿百度推广来说吧，成本太高了，它的CTC点击成本特别高。所有平台类公司最后都在卖流量，随着客户越来越多，就会形成“谁出价高，就把流量推给谁”的局面。当然，很多平台已在调整，但目前仍改变不了这种状况。

我在做销售培训时，一般会直接问客户为什么来接受这种培训。有的客户说，因为成交率比较低。我就得出如下结论：一是浪费客户资源，而客户资源是很珍贵的，浪费一个客户往往会损失一个大订单，这也意味着要付出更多广告费；二是因为没有获得订单，利润率就会非常低；三是新人留不住，因为新人开不了单，成交率比较低，干久了就会失去信心，然后就走了。

有的客户说成交率还可以，但是不会引流。那么，我就要强调引流的重要性了。不会引流在这个时代是个非常大的问题。很多企业现在销售出问题不是出在成交过程中，而是出在流量端，没有新客户进来。为什么那么多人开始玩抖音？因为抖音可以带来流量。为什么那么多人愿意做

我的销冠笔记

不会引流在这个时代是个非常大的问题。很多企业现在销售出问题不是出在成交过程中，而是出在流量端，没有新客户进来。

我的销冠笔记

引流是一个非常重要的环节。

公众号？因为公众号可以引流。所以，引流是一个非常重要的环节。

再举个例子，假如我是某招聘网站的销售，客户是个团队领导，跟我说："我们公司招不到人，我最近缺人。"我就需要知道他们公司缺人的原因是什么，痛点是什么。

我会给客户罗列三个因果循环：第一个是没要求。很多团队领导不敢给员工提要求，因为稍微管得严了，员工就不干了。第二个是氛围差。很多员工天天吐槽，领导也没办法。因为公司招不到人，如果把这些员工解聘了，留下来的窟窿就没人来填了。第三个是没压力。团队没有压力，时间长了，大家就像温室里的花朵一样，变得特别安逸。

当客户招不到人时，我先告诉他可能遇到的损失，再告诉他现阶段为什么需要我们的产品和服务就顺理成章了。

2. 暗示问题，放大客户的需求

客户来找你是因为有需求，这时你要找到他的痛点。往往在这个环节后，很多销售就开始卖产品。其实，这是不对的。因为这只是进入第二个环节，客户还没有足够大的动力来买你的产品，即使他想买，也不是现在。客户此刻行动力不足，是因为对现状的不满和解决问题的紧迫性还不够。所以，你要把客户的需求放大，把紧迫性往上提升一个维度。这就进入第三个环节了，也就是要暗示问题。这个环节是界定一个销售属于小白还是高手的分水岭。

（1）强调过去、现在和未来

我的经验是，要跟客户讲过去、现在和未来。

讲过去，我就跟客户强调损失："假如你们公司在一年前已经达到比较理想的状态了，您会多赚多少钱？"然后，我会把损失告诉他，让他

我的销冠笔记

你要把客户的需求放大，把紧迫性往上提升一个维度。

我的销冠笔记

如果不去解决问题，问题永远不会自行消失。

意识到这一年损失是非常大的。

讲现在，我就问客户："您为什么现在突然想解决这个问题？"通常是因为火烧眉毛，不解决不行了。人不到这个份上是没有行动的动力的，连问都不会来问我。

讲未来，就是讲客户现在遇到的问题还会持续多久。如果不去解决问题，问题永远不会自行消失。客户很快就会意识到，如果不去人为干预，问题就会永远存在。不去解决问题，这本身就是一个非常大的问题。

很多女孩为什么要跟男朋友分手？不是因为男朋友做了很多出格的事情，而是女孩看到他天天打游戏，没什么上进心，一想到未来几十年要跟这样一个人在一起生活，看不到希望，被这种想象吓到了，于是下定决心和他分手。

同理，你要做的就是告诉客户："你再这么下去，以后的日子也会很难过，你的未来没有希望。"

（2）以损失的形式呈现收益

很多销售喜欢告诉客户买了自己的产品后会有什么改善，明天会更好。但我告诉大家，一定要学会一种方法，即用损失的形式把收益包装出来。

以损失的形式呈现收益，关键点是“急”比“痛”更重要，你要强调的是“急”。

举个例子，假设某人今天得了重症，他一般不会第二天就去做手术，而是会考虑一下该去什么医院，要选哪位医生，会产生什么后果。因为任何决策都是有成本的，他要考虑清楚。

什么时候不用考虑太多呢？当这件事情的代价不大时。假如手上扎了一根刺，稍微碰一下就很疼，我就会聚精会神地把它解决掉。再如，我想去看一场非常喜欢的演唱会，可是吃饭时喉咙里卡了一根刺，那我会先解决喉咙问题还是去看演唱会呢？我会先解决喉咙问题，因为这就是如鲠在喉、如坐针毡的道理。其实，这只是小

我的销冠笔记

以损失的形式呈现收益，关键点是“急”比“痛”更重要，你要强调的是“急”。

我的销冠笔记

客户什么时候最容易做决定呢？当他意识到损失一直在持续，那一刻的行动力是最强的。

事，但它会让人非常难受。忐忑和焦虑让人不得不去面对这个问题，并马上去解决它。

任何一个小问题都有可能被放大，往往又很紧急，让人无法忽视它，不得不去面对。同理，销售就是要把客户的小问题变成紧急且无法忽视的问题，使客户不得不采取行动。

客户什么时候最容易做决定呢？当他意识到损失一直在持续，那一刻的行动力是最强的。你不要跟客户说你们的产品会给他带来什么好处，那样他没感觉，而是要告诉他："这个问题如果不解决，您今天就有损失，明天也有损失，后面还会有损失。"

举个例子，你和朋友坐在沙发上聊天，聊得正愉快时，发现你家水龙头一直在流水，你会去把它关掉，还是不管它，继续聊天呢？我相信大多数情况下你会起身去把水龙头关掉。但是，假如坐在你旁边的不是普通朋友，而是知名企业家，你会立刻起身去关水龙头吗？我相信很多人都会纠结。这说明从人性的角度来看，人是无法忽视损失的，因为人有损失厌恶心理。比如玩石头剪刀布，你赢了就给你100元，你输了要给人100元，大家都不愿玩这种游戏，因为损失100元的痛苦远大于得到100元的快乐。所以，人们的行动力往往在意识到损失后会变得非常强。如果损失一直在持续，人们的行动力就更强。

再举个例子，某视频网站突然给你发信息说会员自动续费了，又扣了你多少钱。你当初只是想开通会员看两天视频，一不小心就被套路了，此刻有两个选择：一是觉得还有30天时间，反正随时可以取消订阅，那就快到期再取消吧；二是立刻取消订阅。我相信大多数人会立刻动手，不然将来可能还会出现这种损失。虽然几十元的损失大家都能承受，但这种感觉让人极度不爽。

所以，在跟客户沟通的过程中，销售要给客户强化一个意识：您过去已经损失很多了。在客户认可这个的基础上，你再帮他展望未来。

我在做销售培训的过程中经常讲："你过去有没有遇到很多你觉得很有意向却搞不定的客户

我的销冠笔记

人们的行动力往往在意识到损失后会变得非常强。如果损失一直在持续，人们的行动力就更强。

我的销冠笔记

利用客户害怕损失的心理去强化他的损失。

呢？有吧？假如你能拿下其中40%的客户，业绩会比现在提升多少？”

很多人说会提升一倍或两倍，我就说：“你要知道，如果你去年就解决了这个问题，会比现在多赚一倍或两倍的钱。我这样讲你可能没感觉，但我要是取现金放在桌子上，让你看得见，你一定会有感觉的。因为这本来是属于你的钱，但你没有拿到。”

接着，我的问题又来了：“如果今天来一个客户，成交的概率有多大？是不是有很多客户你还是拿不下来？请问明天还有客户来吗？后天呢？下个月呢？以后有类似的客户来了，你仍然抓不住。那你打算从什么时候开始解决这个问题呢？”我在强化的就是客户有可能产生的损失和过去已经造成的损失。

我还会问：“如果你搞不定某种类型的客户，你的团队能不能搞定呢？这时你会发现你的团队浪费了多少客户资源。换句话说，这些客户资源都是钱。抱歉，你损失的客户我也没办法帮你追回来。你唯一能做的就是让损失在未来一周变得小一点，一个月后尽量避免这种损失。”

这就是利用客户害怕损失的心理去强化他的损失。假如你是卖空调的，不要跟客户说：“买完空调，您家里就凉快了。”你应该说：“前几年不买空调的人扛了好几年，最后还是买了。他们那几年白热了，夏天过得那么痛苦。”假如你是卖房的，就跟客户说：“那些没买房的人，到最后房价涨了，不是还得买房？您看他们白交了几年房租，那些钱够买一个阳台了。”

你看，我强化的都是客户过去、现在和未来的损失，并没有讲太多我能给他带来的好处。因为人对好处不敏感，但对损失很敏感。一个人身上哪里最敏感？我告诉你，一个人身上的伤口最敏感。人在哪里受过伤，在哪里受过损失，就会对哪里格外敏感。所以，你要找到客户的伤口，在他的伤口上撒把盐。

你可以直接告诉客户再不买会出现什么情况，他过去已经损失了多少，未来还会损失多

我的销冠笔记

我强化的都是客户过去、现在和未来的损失，并没有讲太多我能给他带来的好处。因为人对好处不敏感，但对损失很敏感。

我的销冠笔记

你要用客户可以接受的形式去强化他的损失，让他觉得舒服才行。

少。但你这样讲好像有点问题，像在怼人。

抖音很多知识博主讲的东西听起来很有道理，但为什么让人觉得很难受呢？因为他们总是告诉大家："你知道你为什么做不好销售吗？你知道你为什么赚不到钱吗？你知道你的播放量为什么卡在500次吗？"大家就会觉得不舒服："你是谁呀，天天怼我？我刷抖音是为了找乐子，而不是寻烦恼的。"

虽然你对客户这样讲确实有用，但也可能会让客户心里不舒服。有时你提一些比较敏感的话题，比如跟男士讲："你知道为什么很多人会得宫颈癌吗？你知道为什么很多人会乳腺增生吗？"男士会觉得："我一个男的讨论这类问题，万一被女孩听到，她会掉头就走。"他就不好意思跟你谈论这类话题。所以，你要用客户可以接受的形式去强化他的损失，让他觉得舒服才行。

第十讲
卖产品不如卖场景

人人都是
销售高手

CHAPTER 10

我的销冠笔记

我给大家讲三种场景：日常场景、极端场景和特殊场景。销售塑造场景时，通常是从日常场景过渡到极端场景，有一个放大的过程。

现在都讲究“人、货、场”。在特定的场合、特定的人群中发生某个特定的事件，就称为场景。我给大家讲三种场景：日常场景、极端场景和特殊场景。销售塑造场景时，通常是从日常场景过渡到极端场景，有一个放大的过程。

1. 日常场景

日常场景就是经常会出现的场景，而极端场景就是出现的概率非常小，但后果很严重，让人很恐惧的场景。

海飞丝曾做过一个广告：第一个场景是一个男的肩膀上落了很多头皮屑，面试官看见后皱了一下眉头；第二个场景是他第一次去女朋友家，女朋友的母亲看见落在他肩膀上的头皮屑也皱了一下眉头。

我的销冠笔记

找到客户的痛点后，还要会放大客户的痛点。

这两个场景都是极端场景。因为人们不是天天要去面试，也不是总要去见丈母娘，但这两个很少出现的场景会让人害怕。所以，即使没有遇到这种场景的人也会觉得有头皮屑这个问题很严重，然后就去买海飞丝。这就是场景塑造的巨大能量。

我经常跟销售讲，找到客户的痛点后，还要会放大客户的痛点。怎么做呢？一般先讲一些日常场景，然后搭配一些极端场景，有一个逐渐放大的过程。

很多销售很注重讲故事的能力，因为讲故事能让客户有代入感，尤其所讲的故事和客户的经历接近时更是如此。讲第三方的案例，客户会更容易接受。因为你不是直接在讨论客户本身的问题，而是在谈论一个和客户相似的案例，客户就不会太反感。

有个客户是专门给人做屈光手术的，我就是在他那里做的。怎么说服客户做手术来矫正视力呢？当时我们就做了一套方案，首先是搭建日常场景，说明戴框架眼镜有诸多不便。举几个例子，第一个是人们冬天吃火锅时，镜片会被雾气遮住，看不清食材；第二个是人们戴口罩时，热气会从鼻翼两侧冒上来，镜片会模糊；第三个是人们运动时一流汗，眼镜就会往下滑，老要用手去扶，很麻烦；第四个是人们不能再戴墨镜，除非戴那种加厚的墨镜，但大多数人嫌麻烦；第五个是人们游泳时不能戴框架眼镜，高度近视的人连隐形眼镜也不能戴，那是很难受的事情；第六个是人们早起第一件事就是伸手找眼镜。

这些都是日常场景，让人意识到戴眼镜不是很方便。但是，不方便只是让人感觉有点不爽而已，不足以达到立刻行动的程度，所以后面我们又搭建了一些极端场景。

2. 极端场景

什么叫极端场景？就是这个事情产生了比较严重的后果。

我的销冠笔记

很多销售很注重讲故事的能力，因为讲故事能让客户有代入感，尤其所讲的故事和客户的经历接近时更是如此。讲第三方的案例，客户会更容易接受。

我的销冠笔记

跟客户约好时间是不能放鸽子的。

广州天河区有位武先生近视，夏天想戴墨镜时，手里就要拿着眼镜盒随时切换，到室内就换上框架眼镜，到室外就换上墨镜。有一天，他在车里换上墨镜后，就把框架眼镜放在座椅上，然后出去办事，结果回来一屁股把眼镜腿坐折了。晚上戴墨镜开车，路况又不是很好，无异于自杀。没办法，他就把墨镜放在一边，戴上那副折了一条腿的框架眼镜，一直用一只手扶着它，另一只手开车，结果撞到马路牙子，然后杠了一下，又撞到电线杆，安全气囊都弹出来了。他觉得这种事太危险了，于是第二天就把手术做了。他说近视手术听起来挺可怕的，但还是保命要紧。做完手术后，他发现没什么不良反应，感觉很棒。

这就是一个极端场景的例子。我再举一个例子，刘小姐是位助理，因为第二天要和老板从广州到珠海给客户做汇报，于是整理了一堆材料。她晚上洗完澡把眼镜放在浴室里，后来忘了，第二天早上起床后死活找不到。找不到眼镜比找不到手机更可怕，因为她没法出门。老板非常生气，在电话里破口大骂，然后自己先走了。因为跟客户约好时间是不能放鸽子的。

一找到眼镜，刘小姐就赶到车站改签车票，到达目的地还是晚了一个多小时，会议快结束了。因为很多情况老板不熟悉，她只能通过微信临时发一些材料给他，后果可想而知。

当月做评估时，她不好意思去找老板谈涨工资的事。她刚闯祸，老板气还没消，没开除她已算是很仁慈了，哪还敢再提涨工资的事啊？这还影响到她后来的晋升。她觉得自己是一个比较靠谱的人，但上次那件事确实干得不靠谱，内心也有很大的负罪感。她心想，不如做个屈光手术，以后就不会发生这种事了。第二天，她就把手术做了。

这两个极端的例子自然让人有代入感。

3. 特殊场景

我以前给合肥区域的一个代理商推荐说，玻璃瓶的依云矿泉水不错。他问一瓶多少钱，我说超市一般卖16～18元。他说："玩家，你们家有

我的销冠笔记

他举的喝农夫山泉的例子是日常场景，但我想把依云矿泉水推荐给他，就得代入一个特殊场景中。

矿吗？你都这么飘了，喝这么贵的水！我喝农夫山泉就好了。”

他举的喝农夫山泉的例子是日常场景，但我想把依云矿泉水推荐给他，就得代入一个特殊场景中。我就跟他说：“你平时开车，副驾驶有没有坐过朋友？”

他问：“什么意思？”

我就给他塑造一个场景：“这个时候，你给朋友递瓶什么喝的？你可以花5元去买一瓶营养快线递给朋友，你觉得土不土啊？而且，现在很多人不喝碳酸饮料和甜饮料，但很少有人拒绝喝矿泉水。这个时候，你花十几元给朋友递一瓶玻璃瓶的依云矿泉水，朋友会觉得这水看起来很高端。虽然大家平时都喝水，但一般不喝这么贵的水，你给别人的感觉就是你这个人生活很讲究，很有品位。想达到这个效果，你也可以花很多钱请朋友去高档餐厅吃一顿，但其实花十几元就能塑造出高端的形象来。”

他就说：“玩家，你这个人不负责任。”

我说："怎么了？"

他说："你光讲故事，商品链接怎么不给我发过来？"

我每次讲完这个故事，很多朋友和学员都会买一箱依云矿泉水放在行李舱里。当然，我也买了。每次我把依云矿泉水递给别人时，对方都觉得很好，赞叹道："这么好的水啊！"

其实，人们平时也不怎么喝依云矿泉水，只喝农夫山泉之类的矿泉水，但关键场合用依云矿泉水就可以塑造出这样的价值来。这就是场景的魅力。

我到深圳LadyBoss讲过课，这家公司专门培养女性的魅力，顺便也卖衣服。这家公司卖的衣服都比较夸张，像花蝴蝶一样，有的还带亮片。很多学员就说："这么夸张的衣服，我平时怎么穿得出去呀？"

这些学员都是自信的职场女性，但她们平时也没这种自信法啊，穿得花枝招展的，估计很多同事

我的销冠笔记

其实，人们平时也不怎么喝依云矿泉水，只喝农夫山泉之类的矿泉水，但关键场合用依云矿泉水就可以塑造出这样的价值来。这就是场景的魅力。

我的销冠笔记

塑造不同场景可支持不同结论。

会说闲话。所以，她们就给这种衣服定义了一个非常有个性的标签——“战袍”。大家肯定不缺衣服，但衣柜里有战袍吗？当你出席晚会、颁奖典礼等隆重的场合，有时还要发表获奖感言、做PPT宣讲会、代表公司发言等，你就需要一两件战袍，穿上它在哪里拍照都是最靓的，可以成为C位之王。

这家公司就利用了场景的力量，先让客户接受这个场景，然后就能接受这种衣服了。每当客户打开衣柜看见这件战袍，就仿佛看见自信的自己要去发表获奖感言，要为公司站台，要去参加各种各样的酒会。很多客户就会觉得：“对呀，我总不至于每次活动都去租衣服穿吧？那些衣服都不知道被谁穿过，也不合我身，还浪费时间，所以我要有属于自己的战袍。”通过介绍场景，顺便就把东西卖了。

4. 塑造不同场景可支持不同结论

我提个问题：“女孩要不要买辆好车？”

我的销冠笔记

如果我的答案是“要”，我就会用下面的理由来说服女孩。

“第一，你是做微商的，买车倒不是为了享受，而是用来给代理商、客户看的，让他们知道你不差那点钱，你的生活品位也很高。换句话说，这辆车是你用来成交客户的利器呀，当然要买好一点的。代理商看了，也有信心跟着你做生意，不会担心跟着你混三天饿九顿。你是一个本身就不差钱的人，做这件事情完全是为了实现女性的自我价值。

“第二，你买辆好车也能让父母有面子。人小时候拼爹，长大后父母拼娃。你开好一点的车回家，别人对你父母的态度就会尊敬一点，会夸道：‘你女儿好有本事啊！’

“第三，你有没有‘塑料姐妹花’，就是那种当面跟你聊得特别好，背后经常捅你刀子的人？你不好当面骂她，对吧？那你只要买一辆特别好的车，下次出去吃饭时抢着把单买了，顺便坚持开车送她回家，然后说：‘姐妹，好好干，有一天你也能像我一样。’你有没有觉得特别爽啊？

我的销冠笔记

当你遇到困难的时候，你会发现车子并不能提供什么帮助，而你之前聊得很好的一些朋友在危难时刻也不太愿意帮你，真正能帮你的通常只有人民币。

这时你会发现买辆好车有多解气了。

“第四，你开好一点的车，找男朋友的标准也会高一点。一般情况下，没什么实力的男人就会自觉地远离你。所以，你男朋友的质量应该不错。”

我上面罗列的都是一些极端场景，为“女孩应该买辆好车”的论点服务。如果我把论点换成“女孩不要买辆好车”，应该怎么说呢？我会举以下几个极端场景。

“第一，你刚开始创业，一定会遇到比较困难的时候，需要用钱。当你遇到困难的时候，你会发现车子并不能提供什么帮助，而你之前聊得很好的一些朋友在危难时刻也不太愿意帮你，真正能帮你的通常只有人民币。所以，你要留点现金以备不时之需。

“第二，年轻人刚开始创业要树立一种稳重的形象，而不是赚点钱就立刻花掉。有钱人往往是很低调的，开一辆破车，还开很多年。所以，

我的销冠笔记

你做人也要低调，保持一种沉稳的心态。

“第三，你刚开始创业，资金不多，肯定有更急需的东西要买，所以我建议你不要急于买车。”

这时我讲的几个场景都用来支持不要买好车的论点。

我再换一个问题：“要不要让男朋友买一辆好车？”

我每次讲到这里，大家都笑了，很多女孩说不要。我说：“凭什么？我刚刚问你要不要买好车，你说要。为什么男朋友想买好车，你就说不要？这个逻辑是什么？”

女孩说：“我想到的场景就是男朋友开车去追女生。”

我说：“你想到这种场景，确实不能支持男朋友买辆好车。”

这时我需要通过塑造一些支持性的场景来说服女孩。假设我是她的男朋友，我会这样说：

“第一，亲爱的，你看你平时工作那么忙，偶尔还要加班，我总要去接你，对吧？如果我开一辆小破车去接你，被你同事看到了，这就丢你的脸了吧？你总不至于跟我说：‘你把车往前开100米，我走过去。’这种感觉不太好吧？

“第二，咱们回老家过年，如果亲戚朋友开的车都比咱们好，那咱们讲话都低人一等，人家对咱们也不会很客气。其实，这我也能忍，就怕哪天在路上遇见你的前任，车刚停好，他从一辆大奔下来，咱们从一辆小破车下来，然后他问你：‘你旁边这位帅哥是谁？’如果遇到这种场景，我给你一个建议，请你坚定地跟他说：‘那是滴滴司机。’我绝对会立刻把你的包递给你，说‘感谢您使用礼橙专车’，然后转身离开。我可以不要面子，但我绝不允许你在前任面前没面子。”

你看，这个故事讲得多棒！

讲完后，我跟女孩说："男朋友买车不一定要买很好的，但最起码要比前任的选择标准更高，比前任买的车好一点，你同意吗？"

几乎每个女孩都同意现任买的车应该比前任的好。

我只是做了一下角色的转换，就让大家改变了立场。塑造不同的场景，就可以支持不同的结论。这就是场景的魅力。

课后作业

请结合你的产品特性去塑造一些日常场景，然后写出一些极端场景的故事来，要有比较严重的后果，并能调动大家的情绪。

我的销冠笔记

塑造不同的场景，就可以支持不同的结论。这就是场景的魅力。

第十一讲 重视客户永远没错

CHAPTER 11

我的销冠笔记

客户最终买的不是产品，而是产品能够带来的好处。

需求挖掘得差不多了，场景也假设得差不多了，客户觉得这件事确实挺重要的，接下来怎么做呢？销售要做的就是把产品卖给客户。但是，别着急，在卖产品之前要先确认客户的需求。

1. 用结果验证客户的需求

销售要明白一件事情：客户最终买的不是产品，而是产品能够带来的好处。

举个例子，人们买空调真的是买空调吗？肯定不是，人们买的是夏天的凉爽，是舒适的温度。人们买车真的是为了买辆车吗？当然不是，车不仅能代步，还能节省通勤时间，让人有出去玩的自由，让人有面子，能赢得合作伙伴的信任……

所以，销售要和客户确认需求，用结果验证客户的需求。

我的销冠笔记

价值不到，价格不报。

我用一个例子来解释。我会问客户："我能帮您把成交率从7%提升到15%，这样能不能解决您现阶段的问题？"我这是先把结果放在客户面前，问他要不要。如果客户说要，我就问："那您觉得这个需求大概值多少钱？如果我能帮您提升一倍的销售额，您愿意支付我多少钱？"每次这样一问，客户都说可以给我50%的利润。我说："不用那么多，5000元值不值？"客户说："那肯定值啊。"

这个阶段还没进入逼单环节，我只是让客户意识到这个产品的价值在哪里。我们经常讲一句话叫"价值不到，价格不报"，我在这个阶段让客户先假设他已经拥有某样东西，让他自己出个价，这样他对自己拥有的东西就会高估。

所以，很多销售会说："变成一个英文讲得非常流利的人，您觉得这个成果值多少钱？""孩子一年后英语口语能达到流利水平，您愿意为此付出多少钱？"

你要先给客户展示结果，如果他连结果都不

认可，你还卖什么东西？如果客户认可结果了，就会幻想自己已经拥有这个产品。这就是销售的秘诀。

我的销冠笔记

如果客户认可结果了，就会幻想自己已经拥有这个产品。这就是销售的秘诀。

2. 告诉客户“你本来就很好”

客户会不会因为购买了你的产品就拥有更好的生活？客户会不会因为买过你的产品就能解决自己的问题？

我相信很多销售会说：“会呀。客户因为购买了我们的产品，解决了他的问题。”“客户因为购买了我们的服务，解决了一个长久以来的困扰。”

我在这里要颠覆这种观点。你千万不要以为你的产品可以解决客户的问题。最重要的是，你要让客户先产生拥有的感觉，然后再把它拿走。换句话说，你不应该告诉客户买了你的产品会变得更好，就像你不应该告诉女孩买了护肤品

我的销冠笔记

你本来就应该是销冠！因为只有销冠才会像你这样去学习，去努力，去提升自己的销售技巧。

才变得更美一样，你应该告诉她，其实她本来就很美。

举个例子，一个男人向女朋友求婚时说，他会认真对待这段感情，会让她幸福的。但从销售的角度来说，我建议他这样说："你这么善良，这么美丽，值得被认真对待，值得过上幸福的生活，只不过恰好是我出现在你面前，你能不能把这个机会给我？"这是一种很能打动对方的求婚方式。

再举个例子，正在读本书的你可能会问："学完书里的内容，我能不能成为销冠？"

我会告诉你："不，你本来就应该是销冠！因为只有销冠才会像你这样去学习，去努力，去提升自己的销售技巧。这些本来就是销冠的特质。我相信即使没有我，你通过看书、学习其他课程，自己去摸索，迟早也会成为销冠，只不过今天恰好是我出现在你面前。你本来就很好，只不过在没遇到我之前，你辛苦了。"

3. 你有多重视客户，客户就有多重视你

跟客户沟通时，我讲过要提供差异化服务。

客户购买的产品可能是一模一样的，但提供服务的人是不同的。你的态度，你对客户的重视，你和客户之间的连接，会和别人有差异。每个人都渴望被看见，所以你要重视客户。

我曾服务过一家专门做商标注册的企业，他们的销售是这样跟客户说的："张先生，您的企业做得这么好，应该有自己的品牌。你们迟早会发展壮大，即使没有我，你们也会成为一个很好的品牌，只不过今天恰好遇到我了。其实，我也很希望遇到一家像你们这样的优质企业，能成为自己的代表作。所以，您能不能把这个机会给我？我会好好为你们服务的。"

我还认识一位设计师，他的说话方式也很

我的销冠笔记

每个人都渴望被看见，所以你要重视客户。

我的销冠笔记

告诉客户"您是值得被重视的，我会重视这个事情。因为不光您需要，我也需要生命中的代表作，也需要人生中的里程碑"，这种说话方式很能打动人。

棒。他说："您知道吗？其实，客户是需要设计师的，但设计师也是需要客户的。我之前做过很多作品，但都是一些很平庸的妥协之作。没有太多人能接受我这么大胆的设计，所以我渴望遇到一个像您这样能接受我这种先锋设计的客户。所以，您能不能把这个案子交给我来做？我会认真对待您家的，比对待我自己的家还认真。"

告诉客户"您是值得被重视的，我会重视这个事情。因为不光您需要，我也需要生命中的代表作，也需要人生中的里程碑"，这种说话方式很能打动人。因为每个人都渴望被重视，重视客户永远没错。有人说："这种说话方式会不会太谄媚，太弱势了？"根本不会，谄媚是指态度，但重视客户一点问题都没有。

在说服别人加入我们公司时，HR也经常采用这种话术。HR会拼命邀约求职者："你真的很棒，能不能到我们公司来，给我们一个机会？"

有人会质疑："这样对待求职者，态度会不会太好了？"

我们为什么要这么充分地肯定求职者呢？因为我们知道找工作的人要么处于事业的起点，要么处于事业的转折点，反正都是处于事业的低谷期，难得遇见一个人告诉他："你真的很好，到我们公司来面试一下吧。我真的觉得你的能力很强，你在我们公司是能赚到钱的。你能不能给我们一个机会，就算来喝杯咖啡也行？"

为什么我们公司的邀约率那么高？因为我们对求职者是充分重视的，每个求职者都觉得自己不错，而其他用人单位对他们是挑挑拣拣的。不管最终是否被录用，求职者都会因为这份重视来我们公司面试的。

我的销冠笔记

为什么我们公司的邀约率那么高？因为我们对求职者是充分重视的，每个求职者都觉得自己不错，而其他用人单位对他们是挑挑拣拣的。

第十二讲 正确介绍产品，用价值说话

1. FABEG销售法则

讲到正确介绍产品，我有一个方法介绍给大家，叫作FABEG销售法则。它是在FABE销售法则的基础上扩展的。

FABE销售法则是企业管理博士、台湾中兴大学郭昆漠教授提出来的一套非常实用的产品介绍流程。其中，F（Features）指产品的特性，A（Advantages）指优势，B（Benefits）指好处，E（Evidence）指佐证。我在后面加了“Grabber”，指反问，于是就变成了FABEG销售法则。

（1）特性

特性是指产品的内在属性，比如这款车用的是V8发动机，这种化妆品含有二裂酵母。

我的销冠笔记

F（Features）指产品的特性，A（Advantages）指优势，B（Benefits）指好处，E（Evidence）指佐证。我在后面加了“Grabber”，指反问，于是就变成了FABEG销售法则。

我的销冠笔记

你要告诉客户产品在实际使用场景中会有哪些好处。如果客户想看到实际效果，你就用一个案例来说明。

（2）优势

我们说姚明很高，说明我们不太高。没有比较就没有伤害。你在介绍产品的过程中，要把它和同类型的或功效相同的产品放在一起，讲出它的优势。

（3）好处

你要告诉客户产品在实际使用场景中会有哪些好处。如果客户想看到实际效果，你就用一个案例来说明。

（4）佐证

你可以通过现场演示相关证明文件、品牌效应来印证刚才的一系列介绍。所有的佐证材料应具有客观性、权威性、可靠性和可证实性。

（5）反问

最后，你要提出一个反问来完成产品演示，

获得客户正面回应。

现在，我们来做一个简单的演练。假设你是格力空调的销售，可以这样用FABEG销售法则来介绍产品：

格力因为掌握了核心的变频技术，带来的优势是什么？

你跟客户介绍道："相对来说，变频空调的能效比更高，也就是耗电量更少。"

好处是什么？

你介绍道："您原来每个月电费可能要100元，现在只需80元，一个月能省20元呢。"

案例是什么？

你介绍道："隔壁老王家上个月换了一台格力空调，这个月电费就比上个月少了30元。"

我的销冠笔记

最后，你要提出一个反问来完成产品演示，获得客户正面回应。

我的销冠笔记

凡是产品，皆可用FABEG做介绍。

反问是什么？

你问客户："买这种家用电器要考虑它的能耗，您说对不对？"

再如，你是一名汽车销售，可以跟客户说："我们这台车用的是V8发动机。相对于普通发动机来说，V8发动机的缸数更多，马力更强。您在启动加速时轻轻一踩油门，推背感特别强，提速特别快。隔壁老刘就买了一台V8发动机的车，从此一骑绝尘，别人几乎连他的车尾灯都看不见，他整个人就特别自信。人们买车不就是为了更自信一点吗？"

凡是产品，皆可用FABEG做介绍。例如，我手里拿着一款手机，它搭载一亿像素摄像头，这就是它的属性。那么，优势是什么？相对来说，这款手机拍摄的图片更清晰。好处是什么？一定要把产品代入使用场景中。比如，出去旅游时，我随手拍张照片，画面的清晰度胜过其他手机，感觉非常好。案例是什么？我上个月出差时就用这部手机拍了很多照片，比我用别的手机拍的照片清晰多了。用手机拍照，谁不希望图片更清晰一点呢？

这就是一个典型的FABEG产品介绍。FABEG销售法则在另一种场景下也非常适用。有时客户会带一位意见参考者过来。在很多销售场景里，这位意见参考者成事不足，败事有余。因为客户问他意见时，每次得到的回答都是："再看看，不要急于做决定。"

为什么意见参考者总是说这种话呢？因为他怕负责任。如果他说"行，就买它吧"，万一买的东西不好，他要不要负责呢？如果他告诉朋友再比较一下，听起来就特别为朋友着想，自己又不用承担任何责任。所以，他谨慎一点永远没错。

销售要做的就是不让意见参考者发表意见。怎么做呢？先发制人。在客户主动征求他的意见前，你要先问他。你问的时候要全用反问，问题都是设计好的。比如，卖房到最后阶段了，你要跟客户说："我们这个房子离医院很近，万一家

我的销冠笔记

销售要做的就是不让意见参考者发表意见。怎么做呢？先发制人。

我的销冠笔记

介绍产品时要对着客户，但最后一个反问要留给意见参考者。

里老人遇到点什么事，就比较方便。隔壁王大爷生病时，15分钟就被送到医院了。做子女的，谁不希望父母身体健康呢？您说是吧？”

大家要记住：介绍产品时要对着客户，但最后一个反问要留给意见参考者。

像“做子女的，谁不希望父母身体健康呢”这样的反问，意见参考者能说什么呢？他只能说是。然后，你可以跟客户说：“您看您的朋友也这么说，应该挺靠谱的。”

请记住：如果你不主动征求意见参考者的意见，客户就会主动问他。与其这样，不如先发制人。

反问的使用可以很好地帮助你弱化意见参考者的负面信息。所以，我每次都会留下一个无法反驳的问题：“谁不希望家庭关系和谐呢？”“谁不希望买到性价比高的东西呢？”这种问题是没法说不的。所以，英语培训机构的销售讲完自己的产品、师资如何好后，会转过身来问那位和家长一起来的朋友："谁不希望自己的孩子成绩更好一点呢？"那位朋友只能说是。朋友都这么说了，家长还纠结什么呢？肯定没问题，就这么办吧。

2. 代入场景，创造想象

在实际操作过程中，我一般会把FABEG销售法则中的"E"放在最前面，顺序变为EBFAG，也就是先讲场景和好处，然后讲为什么能达成这种结果。

假设我是卖化妆品的，会跟客户说："我们的化妆品含有××成分，您看隔壁李姐用了之后效果非常好。大家用化妆品，不就是希望自己能够美美的吗？"我把"代入场景"放在第一位。因为在实践这一销售法则的过程中，我发现客户对场景的想象是首要的。

我的销冠笔记

如果你不主动征求意见参考者的意见，客户就会主动问他。与其这样，不如先发制人。

我的销冠笔记

如何体现产品价值呢？我告诉你一套方法，即加减乘除。

3. 用加减乘除体现产品价值

如何体现产品价值呢？我告诉你一套方法，即加减乘除。这听起来很简单，对吧？

（1）加法

人们在设计海报时经常使用加法，即先罗列产品单项功能的价值，然后加在一起算出总价，最后给出一个优惠价，让客户知道现在买很划算。比如某套餐，A项功能价值200元，B项功能价值300元，C项功能价值500元，D项功能价值1100元，加起来总价超过2000元，现在优惠价才880元。

（2）减法

减法是销售在解决客户的价格异议时经常用的。比如，客户觉得这个套餐880元太贵了，他想买的只是其中最重要的C项功能。那么，你就把C项单独拎出来，然后把A项、B项和D项都减掉，跟客户说："您看A项价值200元，B项价值300元，D项价值1100元，这些赠送的东西您也用得着呀。您看这么一算，我们的总价并不高。"

房地产商也经常用这种方式："您买这套房子，我们送您中央空调、地暖和新风系统，这三样东西您自己找人做的话，怎么也要20万元吧？这套房子卖给您200万元，减掉这20万元，其实才180万元。"

如果减法用得好，能让你的价格显得不高，因为你送的配套东西也是客户需要的。当然，有时客户会跟你抬杠："你给的东西，我其实不是特别需要。"

在很多情况下，减法会让客户对价格感到迷惑或产生错觉。所以，我劝你慎用，想清楚再用，不然很容易让客户觉得你在忽悠他。

我的销冠笔记

在很多情况下，减法会让客户对价格感到迷惑或产生错觉。所以，我劝你慎用，想清楚再用，不然很容易让客户觉得你在忽悠他。

我的销冠笔记

乘法有两种方式：一种是告诉客户买一样东西能解决多个问题，这叫“给你多”；另一种是告诉客户这个问题会导致多个问题，这叫“损失多”。

（3）乘法

乘法有两种方式：一种是告诉客户买一样东西能解决多个问题，这叫“给你多”；另一种是告诉客户这个问题会导致多个问题，这叫“损失多”。

举个例子，客户的公司招不到人，你就跟他说：“公司招不到人会出现什么情况呢？第一，团队里乌烟瘴气，很多人您看不惯，又不能开除；第二，您不敢下力气去管，因为您一管得严，员工就辞职不干了；第三，员工没压力，慢慢就变成混日子的人了。只要您解决了招聘的问题，这三个问题都能解决，这叫一举多得。如果您不解决这个问题，就会衍生出各种各样的问题。我们用一个产品就能帮您解决多个问题，您觉得这值多少钱？”

（4）除法

除法是很多销售特别擅长的。

如果客户觉得你们的产品太贵了，怎么办？

卖房子的就会说："您不要看总价那么高，其实平均每平方米才1万多元。"

出租写字楼的通常会把租金分解成单价，说平均每天每平方米才4元。这时客户能跟他说"就给我来两平方米"吗？肯定不行，他还是要按照一个月多少租金来算的，而且起租要三个月或者一年。

买床的时候，客户说："这张床要2万元，太贵了。"销售会说："这张床能用20年，平均下来，每年才1000元，每天不到3元。这么好的一张床租给您的话，每天不到3元，您觉得贵吗？而且，这不是租的，是属于您的。"

吃一顿饭2000元太贵了，但是把价格一分解，人均才200元，就觉得还可以接受。

当然，加减乘除是可以组合使用的。虽然这套方法看起来简单，但我在介绍产品时发现效果非常好，甚至在梳理产品的关键卖点、设计海报等方面也效果显著。所以，我强烈建议大家用它来梳理一下公司的产品说明。

我的销冠笔记

加减乘除是可以组合使用的。虽然这套方法看起来简单，但我在介绍产品时发现效果非常好，甚至在梳理产品的关键卖点、设计海报等方面也效果显著。

第十三讲
常见异议处理（上）

人人都是
销售高手

CHAPTER 13

介绍完产品，意味着产品的价值已经塑造完了，你接下来需要回答客户的问题。这时客户提出的问题是一个真正的异议，你要去正面解决它。因为解决完这个问题，你就可以逼单了。如果异议没得到处理，客户通常就会走掉，你想再次邀约就难上加难了。所以，异议是不能回避的。

处理异议时，你首先要知道出现异议最重要的原因是什么。很多销售总是在回答客户字面上的问题，就表象论表象。其实，客户之所以出现异议，本质上是因为销售对客户的需求挖掘不到位，客户对这个产品并不那么感兴趣。这时客户就爱挑刺，觉得这里不行，那里也不行，产品的任何细节都有问题。但是，当客户特别喜欢一个产品时，一切都不成问题了。就像你特别喜欢一个人时，可能这个人有很多缺点，但这不重要，重要的是你喜欢他。客户对待产品也是一样的。

我的销冠笔记

客户之所以出现异议，本质上是因为销售对客户的需求挖掘不到位，客户对这个产品并不那么感兴趣。

我的销冠笔记

客户有异议，关键在于客户对产品并不那么渴望，客户的问题并不那么急迫。解决客户的异议时，你首先要了解这点。明白这点是处理客户异议的前提。

所以，客户有异议，关键在于客户对产品并不那么渴望，客户的问题并不那么急迫。解决客户的异议时，你首先要了解这点。明白这点是处理客户异议的前提。当然，客户的异议也是需要你及时去解决的。

1. 听懂客户的言外之意

当客户提出异议后，你要先想一下他的言外之意和动机是什么。我直播时经常举一个例子，就是皇后对太监说："小李子，今年选妃工作做得不错，个个貌美如花。"太监一听这话就立刻跪下来说："奴才万死。"因为他知道皇后的意思是："你选这么多小妖精过来，以后哪里有我的份？"

所以，你一定要听懂别人的言外之意。有时客户说产品贵或其他原因，只不过是给自己找一个理由罢了。你要把客户的异议想清楚，知道他为什么这样说，他的动机是什么。就像有人一摸胳膊，你就知道他冷一样，就要主动把空调关掉，无须问他冷不冷。如果你不了解客户的逻辑和动机，就容易遇到各种各样的异议。

销售过程中还会遇到一件很痛苦的事情，就是很多客户不跟你讲真正的异议是什么。比如，产品可能超出客户的消费能力，但他不说太贵，而是说这个产品不适合他。如果你知道客户是因为经济问题不想买，那你会照顾他的面子，陪他演下去，还是提出另一个方案呢？我给你的建议是：都不要！如果你发现客户真正的顾虑是什么，就要点破它，然后去消除他的顾虑。

假设你开一家小健身房，就两三个工作人员，客户肯定会担心你跑路，那你可以主动问他："您会不会担心我们这么小的健身房开两天就开不下去了，跑路了？"

当你主动问这个问题时，有的客户就会说："是啊，我挺担心的。"还有一部分客户顾及你的面子，说："我倒不是特别担心这个问题。"

我的销冠笔记

如果你发现客户真正的顾虑是什么，就要点破它，然后去消除他的顾虑。

我的销冠笔记

客户提得最多的那个异议，你一定要主动点破。

但你千万不要相信这话。你可以告诉客户："您不用担心，虽然我们的规模比较小，但我就住在这个小区后面，跑得了和尚跑不了庙，您可以去我家找我。您看，这是我的身份证和房产证。"

客户提得最多的那个异议，你一定要主动点破。比如，你们的产品确实很贵，或者某款产品不是很好用，你要主动讲出来。这时你就可以正面解决客户的异议，不会让客户把异议带回家，最后不了了之。

2. 澄清客户的异议

除了点破客户的异议外，还有一点非常重要，那就是要学会澄清异议。

有时客户提出的异议和销售回答的异议根本不是一回事。这有两个原因：一是客户没有表达清楚，二是销售的理解有问题。所以，客户提出异议时，销售要用自己的话澄清一遍。

当客户说“我觉得你们的产品质量不行”时，你不要急于辩解，而要先澄清一下：“王总，您觉得产品质量应该从哪几个角度来衡量？第一是什么？第二是什么？您为什么看重这些方面？”

当客户说“你们的产品太贵了”时，你也不要急于反驳，而要先问客户：“您是从哪几个角度来评判一个产品贵或便宜的？”这时你要先澄清客户的评判标准，然后才去回答这个问题。

当客户说“这个东西没用”时，你就问：“什么样的东西您才觉得有用？我们的产品应该从哪几个方面来改善，您才觉得对您有帮助呢？”

澄清了异议，你就能和客户取得共识，避免驴唇不对马嘴，问题没回答到点子上，浪费了解决异议的机会。

我的销冠笔记

除了点破客户的异议外，还有一点非常重要，那就是要学会澄清异议。

我的销冠笔记

其实客户不是被逼走的，而是被“拖”走的。

3.“我考虑一下”

我相信所有销售都会遇到客户说“我考虑一下”的情况。

销售要明白一件事情：其实客户不是被逼走的，而是被“拖”走的。

有句话叫“夜长梦多”，如果你今天不搞定这个很有意向的客户，第二天就有可能被同行撬单，或者客户主动放弃了，觉得自己昨天只是一时心血来潮。所以，销售一定要正面去解决客户想考虑一下的问题。

（1）解决关键诉求

当客户说想考虑一下，或者干脆什么都不说时，销售最常用的方式是自问自答，去推测客户在犹豫什么。

如果你推测客户在考虑价格，就可以说："王总，如果您是考虑价格问题，请放心，我把最近几份合同给您看一下。我保证给您的是最低价，否则我愿意付您双倍差价。"

如果你推测客户是担心效果不佳，那更简单了，可以告诉他："您看我手头已经有这么多客户了，您随便指出一个，我打电话问他用了我们的产品后效果如何，让他当场给您做个见证。您看这样行了吧？"

此外，你要想清楚能不能解决客户的关键诉求，因为客户想要的东西往往太多。就像你问一个女孩想找什么类型的男朋友，她会说要长得帅，要有钱，要忠诚……为什么好多人找不到另一半？不是因为不优秀，而是他们想要的太多。销售产品也一样，你要知道你的产品不可能解决客户所有的异议。如果你的产品特别好，价格一般就高。如果你的产品性价比高，通常各方面品质就没那么好。所以，解决异议的办法就是要回到客户的关键诉求上，问客户最看重什么。

我的销冠笔记

解决异议的办法就是要回到客户的关键诉求上，问客户最看重什么。

我的销冠笔记

转换话题，开始寻找客户的核心诉求，这才是真正有价值的。

你要知道，销售产品最终是一个妥协的结果。比如，很多人用苹果手机，可它有一个非常大的短板，就是续航能力不行，几乎每个用户都要备一个充电宝。虽然如此，可苹果手机好用呀，拍照效果也还行。你会发现一个产品只要有特别突出的优点能吸引客户，其他问题就显得没那么重要了。所以，你不要试图解决客户所有的问题，何况你也解决不好。

我以前做培训时，有很多客户会挑战我，说："你能给出一个说服我的理由吗？比如，你收5万元培训费，那你能给我提供什么？"

很多销售就很喜欢回答类似的问题，一直在跟客户说5万元套餐能给他提供什么，结果说完会出现两种情况：一种是客户说5万元就给这么点东西，这叫"你给得还不够"；另一种是客户说你给的东西，他根本不需要，这叫"他要的东西你没有提供"。不管怎么回答，销售都很痛苦。尤其遇到第二种情况更惨，销售就很受挫，被打击得不行。

了解这个问题后，我给销售设计的话术是“假如客户问你5万元能给他提供什么，你就告诉他：‘我们不能给您提供什么，因为我们提供的东西未必是您需要的，关键是您最重要的问题能不能得到解决。如果这个问题能解决掉，它就绝对值5万元！至于我们提供的其他东西，对您来说未必有用。您能不能说说您最核心的诉求是什么？’”

转换话题，开始寻找客户的核心诉求，这才是真正有价值的。

假如客户让你说说你们的价格和套餐，你该如何回答？记住，你千万不要傻傻地开始罗列你们的产品和服务，而要先反问客户的诉求是什么。

（2）认同客户

销售要认清关键的一点：客户想考虑一下是稀松平常的事，是人之常情，你不要去和客户辩论。解决异议绝对不是要说服客户，而是要表示认同。

我的销冠笔记

解决异议绝对不是要说服客户，而是要表示认同。

我的销冠笔记

如果你没办法说服客户，就只能让客户说服自己。

如果你没办法说服客户，就只能让客户说服自己。你即使强行辩赢了客户，对销售结果也没有任何好处，客户就是不喜欢你们的产品，就是觉得不好看，就是不买。

正确的处理方式是什么？不管客户说出什么异议来，你要做的第一件事就是表示认同。比如，客户说“你们这个产品这么贵”，你首先要认同：“不光您说贵，很多客户都这么说。”客户说“你们这个产品不好看”，你就说：“您不是第一个说这话的人。”客户说“你们这个产品过时了”，你就说：“很多客户也这么认为。”

你要先告知客户：“您提出这种异议很正常，我们已处理过很多。”接下来，你要讲述一个故事：“以前老王也觉得我们的产品贵，但他后来货比三家，发现别人的耗材都很贵，只有我们的耗材几乎可以忽略不计。他算了一笔账，只要这个产品用到两年左右，就可以回本。相对于别人的产品来说，我们的产品虽然是最贵的，但其实到最后反而是最便宜的。所以，他后来就毫不犹豫地选择了我们。”

以前跟老爸吵架时，我总是说："我绝对不认同您这种观点。"老爸会说："你说得对。我在你这么大年纪的时候也像你这么坚定地认为，但我后来变了。我能不能跟你讲一下我为什么有这种转变？"我就愿意听，听完觉得老爸讲的也有道理。

后来，我发现老爸这一套不就是销售解决客户异议的方法吗？销售先认同客户，告诉他这种异议不光他有，很多客户也有，然后举例说某人因为遇到一件什么事情发生了转变。既然别人能转变想法，客户就会有代入感，觉得自己也应该转变。这就是获取客户信任的方式。

（3）给客户一个期限

客户想考虑一下还有第三个原因，那就是他确实不着急。一个人不着急的时候，当然要慢慢考虑了。人在时间压力面前往往会立刻做决定，所以你要主动给客户设定一个期限，不要总是顺着客户的意思。

我的销冠笔记

人在时间压力面前往往会立刻做决定，所以你要主动给客户设定一个期限，不要总是顺着客户的意思。

我的销冠笔记

不管是什么类型的客户，你都要主动给他一个期限。

当客户说想考虑一下时，你首先要肯定他：“这个事情当然要慎重考虑一下，但考虑到后面还要安装，涉及工期的问题，您看能不能在中秋节前把这事定下来？这样时间就比较充裕了。”

有一些客户来找我们咨询培训的事，我们的销售在跟进的过程中就会说：“我们所有的培训都要提前一个月安排，您可以慢慢和总部沟通，但最好能在国庆节前把这事定下来，您看可以吗？”这就是明确地给客户一个期限。

人们认可的期限一般是月底或者重要的日子，比如国庆节、中秋节、春节等。这些日子都有一个明确的时间节点，客户也是比较认可的。为什么每次逼单都是在活动前的成交率最高？为什么销售总是在月底冲单时能把业绩冲上去？因为销售自己也认可这样一个时间节点。

不管是什么类型的客户，你都要主动给他一个期限。即使后来这个时间节点已经过去了，你也方便追溯，可以跟客户说：“您看国庆节都过去了，我们再设定一个期限吧。”这时客户的紧迫感油然而生。

4.“太贵了”

客户觉得贵有两个原因：一是产品的价格确实太高，超出客户的消费能力；二是和参照物比，客户觉得这个产品比较贵。

如果你跟平民百姓说：“这架私人飞机现在可便宜了，打完折才5000万元。”不好意思，还是太贵了。老百姓平时是挤公交上班的，5000万元对他来说仍是天文数字。根本原因是你找错目标客户了，这种客户本身就没有这个消费能力，你再怎么跟他说，他就是没钱买，你这是在浪费时间。

但是，如果是第二个原因，客户说贵一定是有一个参照物的。比如，平时农夫山泉矿泉水大概卖2元，你去星级酒店买一瓶，这里大概要卖

我的销冠笔记

客户觉得贵有两个原因：一是产品的价格确实太高，超出客户的消费能力；二是和参照物比，客户觉得这个产品比较贵。

我的销冠笔记

当客户觉得不值时，销售要做的就是调整客户的参照物。

6元，你就觉得太贵了。请问你是付不起这笔钱吗？肯定不是。这跟付不付得起钱是两个概念，你只是觉得不值。为什么？因为你有一个参照物，那就是平时在别处购买农夫山泉的价格。

（1）调整客户的参照物

当客户觉得不值时，销售要做的就是调整客户的参照物。但大多数时候，销售在体现产品的卖点和价值时着力太多。

比如，客户问："你们这款产品多少钱？"

你说："1万元。"

客户说："这么贵！别人才卖7000元，你们凭什么卖1万元？"

这时大多数销售就会解释自己的产品贵在哪里，比如说材质更好，售后服务更好，品牌更知名。但客户往往一句"我觉得都一样"就把他们打回原形了。

每次客户讲这种话，销售都被气得半死。下次请你用一个非常简单的逻辑去回应这种客户，先肯定他："您说得对。"然后，你跟他说："这具体要看跟谁比了。我们的产品跟您讲的不是一个档次，您应该拿一个同档次的产品来比，比如××产品。"

举个例子，雷克萨斯汽车售价二十几万元，客户说太贵了，你就问他："您是跟谁比的？您可能是拿十几万的车来比的。但我们这款车对标宝马3系或奔驰C级车，跟它们一比的话，我们其实是很便宜的。"所以，最直接的方式是调整客户的参照物。

我给某微商大佬培训时，看到他们300毫升的爽肤水卖300多元，就说："这款爽肤水太贵了，你看欧莱雅才卖多少钱，高斯才卖多少钱。"

他就跟我说："玩家老师，您知道吗？我们97%的成分是从原料大厂进过来的，和某知名化妆品用的主原料是一样的。您知道一瓶230毫升的大品牌化妆水卖多少钱吗？1000多元，打完

我的销冠笔记

我的销冠笔记

折也要八九百元。我们300毫升才卖300多元，您觉得贵吗？”

我一听还挺有道理，好像也不是很贵啊。从本质上来说，他采用的说服方式就是改变我的参照物。

我有个客户是富力集团，在无锡有个项目叫“运河十号”，每平方米卖23000元左右，而旁边万科和融创的楼盘大概是2万元。有些客户就说：“你们卖得太贵了，比旁边的楼盘贵两三千元。”

富力的销售就说因为地段好，但客户说万科的地段也不错。富力的销售又说因为施工不错，但客户觉得他们的施工可能还不如万科呢。反正富力的销售怎么讲都没办法说服客户，我就教他们跟客户这样说：“‘运河十号’一共有三个楼盘，是京杭大运河沿线的，起点是北京，终点是杭州。北京那个楼盘已经每平方米卖到13万多元了，杭州那个也卖到7万多元了，无锡这个才卖23000元，施工标准包括装修都是一样的，您还觉得贵吗？”

销售这样说，并未过多地和客户争论，而是调整了客户的参照物，在同类别中去找对标对象。

全国的房价哪里最高？深圳。因为深圳的对标对象是香港，房价当然高了。

中国有一种白酒卖1000多元，你可能想到茅台，但我告诉你不是。它打出的广告是“中国两大酱香白酒之一”。一说到酱香型白酒，大家首先想到的就是茅台，而这个品牌说除了茅台外，就是它了。它就是青花郎，给自己找了一个很好的对标对象，让人觉得它跟茅台的品质差不多，自然就可以把价格抬得很高。就像雷克萨斯刚上市时跟奔驰叫板一样，它打出的广告是：“一半的价格，一样的享受。”茅台旗下有个品牌叫赖茅，打出的广告——“贵州三大酱香白酒之一”让人啼笑皆非！

销售高手很清楚自己是没办法说服客户的，只能拿生活中客户熟悉或认可的事物来作为对标对象，告诉客户这两个东西其实是一样的。

我的销冠笔记

销售这样说，并未过多地和客户争论，而是调整了客户的参照物，在同类别中去找对标对象。

如果你们的产品是某个品类中比较贵的，你就可以跨品类去对标。比如，客户说你们的房子太贵了，你就跟他说："对，我们是城市住宅中的爱马仕。"拿奢侈品爱马仕一比，客户就觉得你们的房子贵得理所当然，因为爱马仕的东西很贵是有道理的。

我家楼下有家牛肉面馆，一碗牛肉面卖50元，打出的广告就是"牛肉面中的爱马仕"。每次朋友来找我，我都会带他们去尝一下。他们的面到底有多好吃也说不上来，但每次朋友看到店里的广告都会充满期待。

（2）衡量客户的心理价格

衡量一个产品的价值时，销售有时也要衡量一下它在客户心里的价值，即心理价格。

比如，平时买巧克力，你愿意花多少钱？可能也就一二十元吧。但是，如果你是在情人节买来送人的，可能花200元都觉得值。

你平时喝的茶叶可能也就几百元一斤吧，但你知道3克的“小罐茶”牌茶叶能卖到多少钱吗？算下来一斤是8000～12000元。贵吗？贵呀，但用它来送礼，你觉得还能接受。

一个烧饼卖多少钱？在小城市卖3元就不得了了，但它其实可以卖到15元，为什么？如果把它作为一顿晚餐，这时它就不只是烧饼，就值这个价了。这关乎人们的“心理账户”问题。

（3）用除法

销售要学会分解价格。有好几种分解方式，其中一种是把总价平摊到每年、每月或每天，和竞品的价格差距就比较小了。

比如，你可以跟客户说：“我们的产品1万元，使用寿命是3年，平均每年才3000多元，每个月也就200多元。别人的产品虽然比我们的产品便宜点，但使用寿命比较短，算下来也是每个月200多元。我们的产品每个月只贵20元，但品质好得多，您享受到的服务也是不一样的，是不是很值啊？”

我的销冠笔记

衡量一个产品的价值时，销售有时也要衡量一下它在客户心里的价值，即心理价格。

我的销冠笔记

除了定价外，产品还有一个使用价格。

（4）用减法

用减法和竞品对比，就是要减掉很多费用，使总价显得不高。

以房屋销售为例，减法就是要刨掉装修费、赠品等。你可以跟客户说："刨掉我们送您的新风机、地暖、中央空调（这些加起来就值30万元了），其实我们的房子才270万元。别人的房子卖240万元，但那是毛坯房，什么都没有。您看我们的价格其实和别人差不多，而我们的物业、服务、标准等方面好得多，算是很良心的价格了。"

（5）计算产品的使用价格

除了定价外，产品还有一个使用价格。

比如，某种产品一般可以用3年，但你们用的是进口材料，可以用5年，给客户的感觉就不一样。

假如别人给的是期货，你们给的是现货，客

户先使用的那段时间难道不值钱吗？

假如你们某款电器比别人贵2000多元，你可以跟客户说你们的能效比更高，每年大概能节省1000元的电费，只要用上两年就把差价补回来了，而且你们的品质和档次是不一样的。

（6）从产品的应用场景和客户的心理满足感入手

不管怎么比，你们的产品都没什么优势，就是贵，怎么办？这时你就要从产品的应用场景和客户的心理满足感入手，找到能打动客户的办法。

比如，你可以跟客户说："我们也有便宜的，但说实在的，拿出来给您，估计您也看不上。像您这么有品位的人，就应该用好一点的产品。亲朋好友一看您用的是品牌产品，您就可以告诉他们不要小看这个东西，可贵了。大家都认可您，尤其是内行一看就知道您家的装修是上档次的，您用的东西是货真价实的，您的水准是很高的，您和家人是很有品位的。"

我的销冠笔记

不管怎么比，你们的产品都没什么优势，就是贵，怎么办？这时你就要从产品的应用场景和客户的心理满足感入手，找到能打动客户的办法。

我的销冠笔记

你还可以满足客户的心理需求，从而打动他。

你还可以满足客户的心理需求，从而打动他。比如，你可以跟客户说："我们的月子会所确实比旁边那家贵2万元。您可以跟爱人说有比较便宜的月子会所，但您还是希望找一家能给她提供最好的服务的，虽然贵了点，但您就要挑它。这次您不强调性价比，更看重的是爱人舒不舒服。这话您不光对爱人说，也可以对丈母娘说。丈母娘自然会跟别的老太太说'你看我女婿给我女儿找的是最好的月子会所'。这可以满足她的虚荣心。再拉长时间来看，她会只讲一次吗？不会吧？每次看见别人找月子会所，她都会非常自豪地夸您，不至于说'唉，当年我女儿生孩子，我女婿为了省钱，给她找了一家老破小的月子会所'。您听了，感觉很不好吧？"

第十四讲
常见异议处理（下）

人人都是
销售高手

CHAPTER 14

我的销冠笔记

当客户说要回去商量或请示领导时，我给你一个建议：搞定眼前人。

1.“要回去商量一下”

客户说“要回家商量一下”“要向老板汇报一下”或“要和公司其他股东商量一下”，其实都是同一个原因，即转移决策权。

（1）搞定眼前人

当客户说要回去商量或请示领导时，我给你一个建议：搞定眼前人。

你可以跟客户说：“我当然知道总经理的意见也很重要，但我想知道您是怎么看待这事的。如果您觉得行，那您说一句话抵我们说一百句话；如果连您都觉得不行，那我觉得也没必要向总经理请示了。”

你也可以这样跟客户说：“王先生，这事

我的销冠笔记

即使是可退的订金，也比没有订金好。

您觉得可行吗？如果您这关都通不过的话，我觉得您太太那边也没必要去打扰了。俗话说‘不是一家人，不进一家门’，要是您喜欢的话，我相信您的审美基本上也可以代表您太太的审美。”

在客户想回去商量的情况下，你一定要先让他表态，然后说：“麻烦您到时帮我们美言几句。”“麻烦您到时和太太沟通一下。”“请您向朋友推荐一下我们的产品吧。”

（2）拿到订金

如果客户表示喜欢你们的产品，那你就要争取拿到订金：“那您能不能先交订金？这样我就可以帮您保留优惠名额。”

如果客户不太想交订金，你就跟他说：“请放心，如果您太太不同意，我们立刻把订金退给您。”

大家要记住：即使是可退的订金，也比没有

订金好。

请站在客户的角度想象以下场景。

客户交了订金后，回家跟老婆说："亲爱的，我今天给你买了××，已经交了订金。"

老婆怼道："你怎么能买那个东西？我不要，你去把订金要回来！"

男人很多时候因自尊心作祟，会说："你看我订金都交了，如果你不喜欢也可以退，但我觉得那个东西挺好的。"

客户一定会为已付订金的商品说几句好话，说明购买的理由，并提供支持性证据。

（3）帮客户提前假设异议

当客户说"我就担心我太太不同意"时，你可以问他："假如您太太不同意，您觉得最主要的原因是什么？"

我的销冠笔记

客户一定会为已付订金的商品说几句好话，说明购买的理由，并提供支持性证据。

我的销冠笔记

要了解客户真正的异议，你就先假设无法成交，问他是什么原因。如果客户愿意把真正的异议讲出来，你就可以正面解决它。

要了解客户真正的异议，你就先假设无法成交，问他是什么原因。如果客户愿意把真正的异议讲出来，你就可以正面解决它。

（4）死马当活马医

当客户说要回去商量一下时，你可以直接点破他的意图："王总，您是不是顾及我的自尊心，不好意思直接拒绝我？以前有好几个客户就是这样，跟我说要回家商量一下，然后就一去不复返，不回信息，也不接电话。您要是想拒绝我，可以直接跟我说，不用顾及我的面子。其实，我做销售这一行就是要能接受被人拒绝的。您说要回去考虑一下，其实就是不想要这个产品，那没关系。因为我跟您聊完后，挺认可您这个人的，我们可以做朋友。您能不能跟我说一下原因，我好调整自己的工作方式。"

为什么要点破客户的意图呢？因为很多客户不正面拒绝你，而是以"要回去商量一下"为托词。你就告诉客户你不希望出现这种情况。如果客户说出真实原因，你就可以正面解决问题了。

这是一个很好的做法。

2.“你能保证效果吗”

客户说：“你能保证效果吗？”这是最常见的异议之一。

客户希望你保证他使用产品后能达到什么效果，本质上是因为客户内心缺乏安全感，想要一个确定的答案。所以，销售高手的回答应该是：“我可以保证。”

但问题来了，你说可以保证产品的效果，却也担心有客户投诉，怎么办？

（1）设置门槛

当客户问我能不能保证培训有效果时，我会说：“我当然可以保证有效果，但前提是您要认真学习这些销售技巧，还要经过实操，做完所有

我的销冠笔记

客户希望你保证他使用产品后能达到什么效果，本质上是因为客户内心缺乏安全感，想要一个确定的答案。所以，销售高手的回答应该是：“我可以保证。”

我的销冠笔记

最重要的是，你要给客户信心。

作业，经过反复演练。这样做的话，效果一般不会差。但是，如果您以为交完学费就能立刻有很大的改善，那是做不到的。这您同意吗？”

我这样一讲，客户通常会表示同意。这时就可以直接进入签单环节了，我会跟客户说：“那就这样吧，我把合同整理一下，您签个字，明天就可以开始培训了。”

大家要记住：现在没有多少客户那么天真，真的以为你能给他可靠的保证。所以，最重要的是，你要给客户信心。你可以向客户展示一些成功的案例，让他放心。

（2）提高门槛

如果客户说：“我想见 × × 企业家，你们能不能让他来接待我？”你不用直接拒绝，可以提出这样的前提：“如果您投资该企业达到一定金额，我们就可以帮您实现这个愿望。”这就是提高门槛。

如果客户说："你们能不能明天就把货送到？"你说："可以。我们给您发航空货运，您加几百元运费就行。"

如果客户说："你们能不能后天送达？"你说："可以。我们给您发顺丰快递，正常来讲，后天就能送到。不过，您需要加23元运费。"

你并没有直接拒绝客户，只是告诉他，只要他满足某个条件，就能如他所愿。

3. 当客户上来就问价格

有时产品还没怎么介绍清楚，客户就反复确认价格，这是出于什么心理呢？大多数客户是出于恐惧，害怕被宰、吃亏或上当，于是一开始就想确认自己能不能付得起这笔钱，商家后面还有没有套路。

从本质上来讲，这种客户缺乏安全感。很多

我的销冠笔记

你并没有直接拒绝客户，只是告诉他，只要他满足某个条件，就能如他所愿。

我的销冠笔记

更厉害的销售高手会利用客户的不安全感，给客户提供正确的答案。

销售就说："那我就给他安全感。"

话虽没错，但更厉害的销售高手会利用客户的不安全感，给客户提供正确的答案。销售高手会说："您一上来就问价格，是因为您不懂产品。我们可以判断您是外行，而我们行内有句话叫'问价不问货，宰得再多也不为过'，您就是我那些拿'屠龙刀'的同行最喜欢宰的客户。"

客户听完有点懵了，销售高手会开始引导他："接下来我讲的话，您也不要全部当真。但是，如果您真的想要一个比较低的价格，我可以给您一点建议。您先把您对产品的要求讲清楚，找我要报价，然后再进行三方比价。您要跟人家讲清楚，就按照这个规格、工艺、配置来做，然后让他给个报价。您这样对比一下，谁家便宜就心中有数了，最终的选择权在您。"

很多销售会有一个疑问："我这不是为他人作嫁衣吗？我还教他怎么比价，万一他真去了，跟别人签了，怎么办？"

这时只做对了一半，销售还要利用一下客户的不安全感，跟他说："不过，您在比价的过程中一定要留意，有很多人会在配置上做手脚，或对参数做些调整，给您的产品与合同约定的有出入。如果您是个外行，根本看不出来。所以，您一定要找几个靠谱的供应商进行比较。"

那么，这个问题就从比价变成了比较供应商，客户就更不知道如何判断了。通常情况下，谁输出评价标准，客户就会选择谁。因为评价标准最早是你提出的，客户比较一圈后，一般还会再到你这里来磨一次价格，这时差不多就可以收尾了。

记住，你要利用客户的不安全感，先点破他是个新手，然后教他怎么选品，给他一个评价标准，然后将落脚点落到他接触的供应商靠不靠谱上。最后，你就等客户回过头来找你磨价格，到时再稍表为难地降点价，这个单子基本上就能签下来了。

我的销冠笔记

记住，你要利用客户的不安全感，先点破他是个新手，然后教他怎么选品，给他一个评价标准，然后将落脚点落到他接触的供应商靠不靠谱上。最后，你就等客户回过头来找你磨价格，到时再稍表为难地降点价，这个单子基本上就能签下来了。

我的销冠笔记

当客户强调能不能再便宜点时，怎么办？这表明客户已经心动了，这时你要强调的就不是价格本身了，而是给客户一个购买的理由。

4.“能不能再便宜点”

客户问“能不能再便宜点”，这和上一个异议很像。

客户为什么要求再便宜点？第一，想省钱。第二，害怕目前的报价有水分。

当客户强调能不能再便宜点时，怎么办？这表明客户已经心动了，这时你要强调的就不是价格本身了，而是给客户一个购买的理由。

如果两个产品一模一样，是不是谁便宜，客户就选谁？很多人会说是。假设你想买某大牌化妆品，到专柜一看卖800多元，而京东便宜50元，拼多多便宜100多元，你会选择哪一家？如果急用的话，很多人会选择在专柜购买。如果不着急的话，有人会选择京东，或者图便宜而选择拼多多。选哪一家的都有，意味着价格并不是客户唯一的参考因素。选专柜的人可能是出于两个原因：一是时效性，所见即所得，因为马上要用，时间排在第一位；二是专柜保真，而网上的东西真假难辨，出于这种担忧而不敢选择价格最低的。所以，价格在什么时候起作用呢？当客户确定商品是正品，能提供他所需的功能时，价格才是参考因素。在商品真假都不确定的情况下，价格其实毫无意义。

我们有个会员曾签下一个11万元的单子，后来经过一番操作，客户重新跟他签了一个17万元的订单。两个订单相差6万元，而且他是以高价抢单的，这才是销售高手。如果销售一味放低价格，没有底线，最后大家都无利可图。

那么，怎么以高价把单子签下来呢？有一招叫“以退为进”。

你可以跟客户说：“王总，如果单纯比价，这个单子我就选择放弃了。我不是不想签单，而是以我们的标准和要求，这个价格我们确实做不下来，因为成本摆在那儿呢。如果有人说这个价格他们能做，要么是成本控制得比我们好，要么

我的销冠笔记

怎么以高价把单子签下来呢？有一招叫“以退为进”。

是材料比我们次。大家做生意都是想赚钱的，这个行业水有多深，没人比我更清楚。如果您信得过我，可以告诉我是哪几家，我帮您作比较，您不选择我们也行。我还可以帮您砍砍价，讲讲产品的参数。如果您觉得我这个人还比较靠谱，以后有朋友想买这种东西的话，可以介绍给我，就当帮我打个广告。”

这时你在不停地向客户输出信息，告诉他价格便宜一定有问题，比如有人会修改产品参数，或者先用低价把客户拉来，后面再做增项，这种情况比比皆是。听到最后，客户感到不安，会说：“算了，我就在你这里买吧。你们的产品是贵了点，但质量有保证啊。”

以装修为例，一家公司报价10万元，另一家公司报价20万元，你就告诉客户你们10万元确实做不下来，但你们的装修质量绝对比10万元那家好。客户信不信？大概会信，因为人们相信一分价钱一分货。

下次遇到这种情况，你可以试一下这种方

法。当客户说你们的价格高时，你就告诉他："单纯比价的话，太低我们做不下来，因为我们的要求和标准很高，我们对产品质量是负责任的。很多人报价低，是因为他们对质量不负责任，甚至对真伪不负责任。在质量无法保证的情况下，比价其实是没有意义的。"

我叫你以退为进，你可别真把客户放走了，那我可不负责。你要察言观色，讲完后观察一下客户的表情，然后稍微停顿一下，等客户表态，不要太着急。

5. 当客户进行三方比价

三方比价的情况比较多。客户拿着同一款产品或同一套方案要求三家公司给他报价，你需要在这个竞争过程中把竞争对手打败。那么，有没有办法提高成交率呢？答案肯定是"有"，我给你讲三种办法。

我的销冠笔记

当客户说你们的价格高时，你就告诉他："单纯比价的话，太低我们做不下来，因为我们的要求和标准很高，我们对产品质量是负责任的。很多人报价低，是因为他们对质量不负责任，甚至对真伪不负责任。在质量无法保证的情况下，比价其实是没有意义的。"

我的销冠笔记

在比价过程中，谁先报底价，客户通常就选谁。

（1）告知相关信息

如果客户明确表示他要比好几家，而你是他咨询的第一家或第二家，那我建议你报一个比较低的价格。竞争对手通常第一次不会报一个特别低的价格，而是会留出一定空间，让客户慢慢还价，但我建议你在这个时候报裸价。客户购买这个产品时需要付一些附加费，但你这个时候不要提。

你可以跟客户说："我是很实在的，可以向您保证别人没办法给您这样的价格。"这样，客户出去比价时，听到的报价都会比你高。当客户转一圈回来和你磨价格时，你再告诉他那是裸价，还需要安装费等。

在比价过程中，谁先报底价，客户通常就选谁。这是一个比较简单的道理。

（2）打板

我介绍一种打板的方式，叫作"竞品撒手

锏”，就是要做信息覆盖。

客户出去比什么？无非是比价，比质量，比套餐。但是，你要告诉客户：“您不用去其他地方了，因为我在这里给您提供的信息已经远远超出您自己所能打听到的。比如，××家的套餐主要有三种，最低价是598元/平方米。我正好有一张他们的价目表，可以给您看一下。”

其实，很多竞品信息在网上都能查到，但你一讲出来，客户就会觉得你了如指掌，肯定是一个做了很多年的销售。然后，你就跟客户说：“您不用跟我讲那些，我比他们的业务员还了解他们的产品。”

我曾做过医药代表，每次和别人抢客户也用这招。当时有一个竞争对手叫万通药业，我每次跟药店说我们的产品很好，店长就会说：“万通的也很好，我们一直卖得很好。”

我说：“那您把它拿出来看看。您看，这药一共有15种成分：冰片、儿茶、紫草、人参茎叶皂苷……”

我的销冠笔记

我介绍一种打板的方式，叫作“竞品撒手锏”，就是要做信息覆盖。

我的销冠笔记

只需每隔半个月或一个月做一次调研，就对竞争对手的实际情况很了解了。

这样说意义何在？店长会觉得我很专业，居然能把竞争对手的成分表背下来！

然后，我就非常自信地说一句："您知道吗？万通的业务员都没我了解他们家的产品。"

这就是一种打板的技巧，给客户一种非常强烈的专业感。

我在赶集网做高级培训讲师时也用过这个方法。我们的销售把竞争对手的产品研究得非常透。比如，58同城有一个"名店推荐"产品，一共有36个展示位，我们就认真研究了它的实际走位，包括图片尺寸大小。

如果遇到对方的业务员，我们的销售就可以非常自信地说："你知道你们的'名店推荐'产品一共有多少个展示位，走什么样的位置吗？"

对方的业务员一般不清楚，我们的销售就说："你们不是30个展示位，而是36个，走的是弓字位。图片是滚动播放的，218×144像素。"

对方的业务员一听会很震惊。就像我们的销售说的："说实在的，我们比58同城的业务员还了解他们的产品。"客户一听就觉得我们很靠谱。

想达成这样一个结果需要多长时间呢？只需每隔半个月或一个月做一次调研，就对竞争对手的实际情况很了解了。你可以自己去问，如果对方知道你的身份，那你可以找朋友或新员工去打听，或者充当客户打电话了解一下。

因为大家是竞争关系，知己知彼，方能百战不殆。如果你对竞争对手的情况都不了解，信息就会掌握在谁手中？客户。客户就会说："你知道吗？人家比你们便宜。"你灰溜溜回来后，跟领导说："因为人家给的价格更低。"领导说："不可能。"你其实也不确定，因为手里没有证据。只有对竞争对手的情况有所了解，知道他们的底价，你才有底气跟客户谈判，并体现你的专业性。

我的销冠笔记

只有对竞争对手的情况有所了解，知道他们的底价，你才有底气跟客户谈判，并体现你的专业性。

我的销冠笔记

客户在比较方案时，如果你只提供一套方案，就会吃亏。因为客户会拿你的方案和A家、B家的方案比，比来比去就这三套方案。如果你提供了两套甚至三套方案，客户在比较的过程中考虑的是采用哪套方案，而不是哪一家的方案，你中标的概率就会大些。

（3）提供多套方案

客户在比较方案时，如果你只提供一套方案，就会吃亏。因为客户会拿你的方案和A家、B家的方案比，比来比去就这三套方案。如果你提供了两套甚至三套方案，客户在比较的过程中考虑的是采用哪套方案，而不是哪一家的方案，你中标的概率就会大些。

谁也没规定一家不能同时提供几套方案，对吧？这就是一个小技巧。

一般要以价位为标准，给客户提供高档、中档、低档三套方案，然后告诉他："便宜的，我们有。您要好的，我们也有。如果您想要一般的，我们也有。"

通常情况下，客户最后还是会过来和你磨价格，希望那个高档或者中档的产品能再便宜点，这样你胜算的概率就会大很多。

6.“我暂时不考虑了”

客户说“我暂时不考虑了”，这是销售经常会遇到的一类问题。这时候该怎么回答呢？很多销售会问：“您为什么不考虑了？”

我前面讲过，会问好的问题非常重要。当你问客户为什么不考虑你们的产品时，客户就会绞尽脑汁想出一个答案，比如产品不合适、型号不匹配、价格太高了，反正就是不在你这儿买了。你用脚趾都能想到客户会罗列哪些答案。

被客户放鸽子的情况有没有？客户临场反悔的情况有没有？有的话，该怎么回答？很多销售会问：“我们之前都谈好了，您为什么不要了？”

我前面讲过，销售要会问好的问题。可是，销售问这个问题会得到什么答案呢？客户会说因为没空，因为太贵了……反正客户给出的答案一

我的销冠笔记

会问好的问题非常重要。当你问客户为什么不考虑你们的产品时，客户就会绞尽脑汁想出一个答案，比如产品不合适、型号不匹配、价格太高了，反正就是不在你这儿买了。

我的销冠笔记

我教你一个公式：意料之中+风险预警+价值对比+强化核心诉求。

定是支持他不买的理由的，你说破天也没办法扭转这种局面。

很简单，我教你一个公式：意料之中+风险预警+价值对比+强化核心诉求。

第一步，你要讲客户的行为在你意料之中。你可以跟客户说："我早就猜到您今天会告诉我您不来了。"这听起来是不是很厉害？

第二步，你要给出风险预警。你可以跟客户说："有一些人报价确实比我们低，但这行的水有多深，没人比我更清楚。他们确实卖得很便宜，但货不对板，所以有很多客户在外面受了一圈伤后又回来找我们。在一个我擅长的领域，我真的不想让您经历这些。"

第三步，你要进行价值对比。你可以跟客户说："我们提供给您的不光是一本书、一次课，还教您实战技巧和客户心理，最终交付给您一个有结果的产品。有很多学员在外面上完课，又跑来接受我们的辅导。"

第四步，你要强调客户的主要诉求。你可以跟客户说：“价格不是问题，关键是我们给您的产品能不能解决您的核心诉求，能不能提高您的销售能力。”

7.“再便宜点”“这个赠品就送给我吧”

到了签单前的最后一刻，客户又提出异议：“再便宜点。”“这个赠品就送给我吧。”这时你可不可以答应客户呢？很多销售会说：“好吧，就按您说的办吧。”

我要提醒你：如果这是客户一直坚持要的，你也打算让步，那你还要有一个步骤，就是先排他。你要问客户：“我跟您确认一下，是不是我帮您把这个优惠价申请下来，您今天就能定下来了，没有其他问题了？”“是不是我把这个赠品送给您，您就可以付款了？”

我的销冠笔记

如果这是客户一直坚持要的，你也打算让步，那你还要有一个步骤，就是先排他。

我的销冠笔记

大家要将客户异议处理标准化，逐字逐句地把方法记下来。

你要向客户提一个交换条件，否则会出现特别尴尬的情况：给客户降价后，客户又跟你要赠品。这时你就骑虎难下，因为你投入了过多的沉没成本，最后发现价格守不住，赠品也保不住。

所以，你一定要做最后一个动作，即向客户确认是不是就剩这个问题了，然后再去解决这个异议，顺理成章地把单子签下来。这个动作一定不能少。

上面两讲介绍的是销售过程中常见的客户异议，80%的问题就来自这20%的异议。大家要将客户异议处理标准化，逐字逐句地把方法记下来。

15

第十五讲 逼单三原则

我的销冠笔记

逼单不狠，地位不稳；逼单太慢，早晚要饭。

终于来到逼单环节了！

我们经常开玩笑说：“逼单不狠，地位不稳；逼单太慢，早晚要饭。”

逼单是销售的最后一个环节，因为它和钱挂钩。在销售过程中，如果前面的环节都做得很好，但在逼单时手软了一下，最后也会竹篮打水一场空。所以，我接下来要告诉大家怎么正确逼单，找客户要到钱。

首先，我问大家一个问题：“你觉得逼单最核心、最关键的点是什么？”

很多人说，逼单时要有气势，要努力，不要让客户跑掉。但我告诉你，逼单最重要就是要逼呀，你不去要这个钱，客户是不会主动给你的。然而，很多销售其实是不敢去要这个钱的。

我的销冠笔记

明知有这样一个问题，如果我们不去解决，最后痛苦的会是自己。

有一次，我在武汉一个会场找客户要一笔钱。前面挖需求时，我们的销售已经挖得很到位了，各方面也都聊得不错，只是客户最后在付钱时犹豫了。明知有这样一个问题，如果我们不去解决，最后痛苦的会是自己。

我就跟客户说："把您的手机拿出来。"

客户说："我没什么钱了。"

我直接把客户的手机拿过来看了一下，然后点开微信，一边点一边说："点开'我'，然后点开'支付'，然后点开'钱包'。"

客户说："哎呀，只有6000元了。"

我转身问我们的销售："这是谁的单子？"

有个销售说："这是我的客户。"

我就跟这个销售说："来，扫6000元。"

扫完后，微信要求输密码，我就把手机递到客户面前，说："来，输密码。"

客户愣住了，盯着手机，一动不动。

我说："输啊！您不要再磨叽了，赶紧输密码。"

然后，客户就把密码输了，钱就到账了。

我们的销售当时惊呆了，后来跟我说："我算是明白了，逼单和抢钱是一个道理。"

大家都笑了。

我说："其实，你搞错了，我为什么敢这么狠地逼这个单子？因为客户从来不是被逼死的，而是被'拖'死的。意向客户是逼不死的，为什么？这叫'牵对线，把对脉'，客户也很害怕失去这样一个非常好的供应商。第一，你缺客户，其实客户也缺靠谱的供应商。第二，客户的痛点已经很清楚了，你千万不能手软。第三，我敢这

我的销冠笔记

意向客户是逼不死的，为什么？这叫"牵对线，把对脉"，客户也很害怕失去这样一个非常好的供应商。

我的销冠笔记

销售对产品一定要有百分之百的自信。如果你不够自信，就没办法把产品卖得很好，在逼单的时候就会手软。

么狠地逼单是因为自信，这一点最重要。从本质上来说，大多数销售其实对产品、对公司不自信，才不敢非常强势地逼单。你看很多女孩觉得某化妆品非常好，就会推荐给闺密‘你用一下试试，真的很好用，不好用你来找我’。这不是逼单吗？你跟哥们儿说‘那家饭馆真的很好吃，不好吃你回头找我’。这一样是逼单。你为什么敢对闺密或哥们儿逼单？因为你确定你推荐的东西是优质的。那你为什么不敢对客户逼单呢？因为你还没有百分之百相信自己的产品是值得客户拥有的。其实，销售是需要盲目自信的。”

我辅导过一些银行职员，他们卖理财产品还行，但卖保险产品就表现不佳。为什么？后来我发现，本质上是因为他们对保险产品的信心不足，对保险的理解和认识还不够。换句话说，他们还没有给自己洗脑，就没有百分之百的底气去洗客户的脑。所以，销售对产品一定要有百分之百的自信。如果你不够自信，就没办法把产品卖得很好，在逼单的时候就会手软。

接下来，我讲一下逼单的三个原则：

1. 一鼓作气，趁热打铁

很多销售尤其是小白会不好意思跟客户谈钱，因为他们的自尊感比较低，觉得谈钱会伤感情。其实，我觉得不谈钱才伤感情呢。你既然不好意思跟客户要钱，又怎么好意思跟公司要工资呢？从本质上来说，二者其实是一回事。所以，你一定要和客户谈钱。而且，你谈到钱才是对客户负责任。因为客户喜欢一个产品，最后一定是要了解价格的。

通常情况下，客户在做决策时是比较冲动和感性的，此时不拿下他，放虎归山，再次邀约的难度就大了。邀约客户本来就很难，如果没有什么新的优惠或噱头，二次邀约是难上加难。这次你不拿下他，下次就要付出更大成本，不划算。而且，你这次能讲的都讲得差不多了，客户下次对你讲的话就产生免疫了，你拿下他的把握就更

我的销冠笔记

通常情况下，客户在做决策时是比较冲动和感性的，此时不拿下他，放虎归山，再次邀约的难度就大了。

我的销冠笔记

"首战即决战"，第一次见客户就要想方设法签约。

小了。所以，你千万不要轻易放走每一个客户。我经常讲"首战即决战"，第一次见客户就要想方设法签约。

有的客户会说："第一次见面你就要钱。"

你就说："有什么不可以呢？"

有的客户会说："我觉得太冲动了。"

你就说："为什么不能冲动呢？冲不冲动，不要看行为，而要看结果。如果一件事情的结果是好的，冲动一下有何不可呢？很多人冲动创业，冲动购物，冲动地做很多事情，只要结果是好的就行。如果最终能帮您赚到钱，皆大欢喜，我觉得这种冲动就值得，多一些更好。"

很多销售因为下不了决心，每次谈到关键阶段就被客户随便一个理由打发了。

我们公司有个销售跑到客户那里12次才把单子签下来，在第二天的早会上就说："这个客户，我跑了12次，终于签下来了！”

他大概是想表现自己多么坚韧不拔，但销售总监一听就急了，打断道：“你停一下。你跑了12次才签下这个客户，你觉得是你的时间不值钱还是客户的时间不值钱？因为你们的时间都不值钱，所以你可以为了一个几万元的单子跑这么多次，反复去确认。本质上是因为你每次去都没有抱着必签的决心，所以客户随便给一个理由你就回来了。如果你下定决心今天不签单就不走了，那你绝对用不了12次。如果你下了这么大的决心，怎么会跑那么多次？”

所以，我们经常开玩笑说：“销冠是没有意向客户的，业绩越差的销售，意向客户越多。”

销冠基本上没什么意向客户，但他们通常月底还是有业绩的，为什么？客户要么被他们签了，要么被他们逼走了，所以他们的意向客户非常少。相反，业绩差的销售往往手头有一堆意向客户，这个客户说要回家跟老公商量一下，那个客户说要等资金到位，总之有一堆理由。这种类

我的销冠笔记

销冠是没有意向客户的，业绩越差的销售，意向客户越多。

我的销冠笔记

你自以为那是意向客户，但你不逼一下，怎么知道意向强不强呢？"

型的销售通常是不敢逼单的。

我经常逼着我们的销售去把客户搞定："今天下午，我们就做一件事。来，打开你的本子，开始搞定你的意向客户。"

有个销售就打了一下午电话，结果客户全部跑了。然后，他就看了我一眼，说："现在您满意了吧？"

他的意思是，本来他还有意向客户，结果被我这么一逼，现在全没了。我就跟他说："你可以骗我，但你千万不要骗自己。你那些真是意向客户吗？价格还没有聊到，优惠也没有聊到，对吧？你真逼急了，客户就说他不要了，对吧？这说明客户根本就没到有意向的程度。你自以为那是意向客户，但你不逼一下，怎么知道意向强不强呢？"

所以，你一定要趁热打铁，一鼓作气，遇到客户绝不轻易放过。客户真的是见一次少一次，所以你一定要珍惜仅有的几次和客户交流的机会，争取一次就拿下客户。如果第一次没拿下，那就第二次拿下。如果第二次还没拿下，那就第三次拿下。如果第三次还没拿下，那就放弃。你要告诉自己："这个客户三次都签不下来，我该放弃了，权当扔公海里了。"事不过三，你第三次一定要搞定客户。只要有这种决心，你谈单的力度就不一样。

2. 从客户的角度出发

我每次跟销售说"你来逼个单"时，销售就跟客户说："再不买马上就涨价了。""再不买优惠就没了。""再不买活动就结束了。""再不买就没有赠品了。""再不买就没有名额了。"讲来讲去，其实就是在逼客户，在威胁客户。

威胁和逼客户有用吗？当然有用。但是，如果客户因此买单，会有点不舒服。所以，销售要学会委婉地"威胁"客户，也就是从客户的角度出发，帮助客户挑选适合他的产品，告诉他三

我的销冠笔记

客户真的是见一次少一次，所以你一定要珍惜仅有的几次和客户交流的机会，争取一次就拿下客户。

我的销冠笔记

你要告诉客户三点：“第一，选我们最合适；第二，现在买最合适；第三，您值得更好。”

点：“第一，选我们最合适；第二，现在买最合适；第三，您值得更好。”

我认识一个微商大佬，曾经有个客户跟他说：“我要回家和老公商量一下。”一般人会说：“您和老公商量什么呀？”或者说：“您老公不同意的话，您打算怎么办？”但是，这个微商大佬非常果断地说：“您不要和老公商量。”客户笑着问为什么，他说：“因为我怕您老公不同意。”

听他这么说，我都快崩溃了，哪有人讲话这么直接啊？但他接下来的话让人很震撼：“您长得这么好看，又这么聪明，本该过上很好的生活。您看我们团队很多姐妹现在有钱，日子过得也潇洒，但我清楚她们从前根本就不如您。那您为什么没有过上这样的生活呢？从本质上来说，就是因为您做事总是犹豫不决。如果今天您回家和老公商量，他对这个项目不了解，可能会说这帮人在骗您钱。尤其是我们需要您掏29800元，您老公很可能说这就是传销。他不了解我们的情况，讲这种话我能理解。但是，如果他讲完这种话，您还付钱给我们，可能会引发家庭矛盾，这事就黄了。对我来说，这没多大损失，但对您来说，明年我再见到您，您可能还和今年一样，甚至过得还不如今年。就像现在这样，您明明知道自己过得不好，想改变却下不了决心。我打心眼里不希望出现这种情况。今天我们能遇到也是缘分，如果您信任我，今天就把钱给我。我可以负责任地告诉您，只要您把钱付了，我绝对不会退给您。您唯一要做的，就是回去说服家里人，让全家人支持您的决定。也许我今天有点强势，但请您相信我，一年后您一定会感谢我今天这么强势，感谢我今天让您掏这笔钱，感谢我今天让您做这个决定。既然您自己做不了决定，我就来帮您做这个决定。您比谁都清楚自己做事多么犹豫不决。不要再让这个影响您的前途了，您本该过上更好的生活。”

听完微商大佬一席话，那个客户觉得自己确实值得过上更好的生活，以前做事就是太犹豫不决了，于是就痛快地把钱付了。

我们不鼓励这样，但他逼单的逻辑是什么？就是站在客户的角度去分析利弊，告诉客户他真

我的销冠笔记

如果你不只是为了签这个单子，而是想和客户做一圈生意，签一辈子单，那就要建立长期信任关系。

的是在为她着想。

即使是想威胁一下客户，你也可以委婉一点地说："您再不买真的要涨价了。您迟早都要买，何必多花那个钱？您给老婆买点东西，她不乐坏了？您是我的客户，我真的不希望您多花钱，希望您能享受到最优惠的价格。"你这么说，客户的感觉会好很多。

你不要觉得这样有点虚情假意。其实，只要你站在客户的角度为他着想，他是能够感受到的。如果你一心只想把单子做大，时间长了，谁都能看出来你就是为了那么点钱，对你的信任就没了。

如果你不只是为了签这个单子，而是想和客户做一圈生意，签一辈子单，那就要建立长期信任关系。而这种信任感一定是你从客户的角度出发，真正为客户着想才能培养出来的。

3. 理性出发，感性终结

我问大家一个问题："你觉得客户最后做决定是出于理性还是出于感性？"

大家记住这句话：所有的胜利都是热情的胜利，所有的决定都是感性的决定。

人们做决定时都是感性的，所以销售要做的就是以理性打底，从理性出发，用感性收尾。如果客户购买时已经考虑得比较清楚，就不容易产生退单的想法。如果你光用感性打动客户，客户确实能很快下决心购买，可他第二天醒来，会觉得被忽悠了，就会来找你退单，还会影响你的口碑。所以，你需要用理性的内容去说服客户，当还差点火候时，再用感性的方式去踢单。这个完整的路径，你要记清楚。

那么，什么是理性的内容呢？比如，产品的成分、含量、使用寿命等。客户听完可能会产生

我的销冠笔记

所有的胜利都是热情的胜利，所有的决定都是感性的决定。

我的销冠笔记

人有两个大脑，一个负责快速做决定，另一个负责慢慢思考。

疑问："你说的是真的吗？""你说的那个客户叫什么？你能不能给我看一下他的朋友圈？""你这些数据是从哪儿来的？""你确定别人不会卖得比你们便宜吗？我要去问一下。"

丹尼尔·卡尼曼有一本书叫《思考，快与慢》，里面提到人有两个大脑，一个负责快速做决定，另一个负责慢慢思考。你会发现理性是让人慢慢做决策，不支持人立刻做决定的。如果你要用理性的内容去说服客户，至少要说服到七成左右，然后话锋一转，转到感性的层面。感性的内容，就是可以调动客户情绪的东西，比如责任、荣誉、面子等。

假设你是英语培训机构的销售，跟客户介绍说你们全部聘用资深外教，学员3年能达到什么水平，5年能达到什么水平。

这么一讲完，你看家长是什么反应。家长一般会质疑："真的吗？你们讲的案例是不是真实的？你们的价格能不能再优惠点？"所以，你这时要恰当地转一下，把家长引到感性的层面：

"说实在的，我们的课程确实不便宜，可以说是本地最贵的。但是，哪个家长不希望给孩子提供最好的教育呢？将来有一天，您可以跟孩子说'妈妈在很多地方是很节俭的，唯独在你的教育上，我可以非常负责任地告诉你，我是不亏欠你的，我给你的都是最好的'。说实在的，哪个家长真的指望孩子将来有多少回报呢？孩子自身能学到东西，家长就很开心了，您说是不是？"

听到这里，家长是不是就会有自我奉献的冲动呢？所以，你接着就要问家长："您用微信还是支付宝？"

我有个客户是做旅居的，专门卖一些风景名胜区的房子。这种房子主要是用来给父母养老的。每当客户说他们的房子比较贵，哪处房子比他们便宜一两千元时，他就说："因为我们的地段好，又是现房，人家是期房。"

有的客户就说："期房怎么啦？等一年又能怎么样？"

我的销冠笔记

如果你要用理性的内容去说服客户，至少要说服到七成左右，然后话锋一转，转到感性的层面。感性的内容，就是可以调动客户情绪的东西，比如责任、荣誉、面子等。

我的销冠笔记

人有时候就是这么感性，只不过需要你把他感性的一面调动起来而已。

这时他要做的就是转打感情牌："您想买这个房子，是因为您是一个孝顺的孩子，想让父母晚年过得好点。有没有更便宜的房子呢？肯定有，但那不是现房。您可以跟父母这样说'我不想让你们久等，希望你们能尽早入住'。您的父母听了是什么感受？他们以后跟别人讲起来会很开心吧？"其实，他就是给客户讲述了一个故事。

有个湖北客户给我讲过一件特别有意思的事。

有一天，有个客户随口说了一句："今天是我和老婆的结婚纪念日。"

就这么一句话，我这个湖北客户就逼他当天买房："房子您看得差不多了，比得也差不多了吧？其实，房子都大同小异，您可以做决定了。如果是平时也就算了，可今天是您和老婆的结婚纪念日，往前一天或往后一天买就不一样了。如果您今天把房子买了，回家就可以跟老婆说'给你一个惊喜，这是我送给你的礼物'。虽然这是您在结婚纪念日送给她的礼物，可房产证还不是要写你们的名字啊？以后每逢结婚纪念日，她都会想起您曾经送给她一套房子。不然，有谁记得自家房子是哪一天买的呀？您在这种特殊的日子买房，本来就是一种缘分，以后都可以用来秀恩爱。以后您老婆会跟孩子说‘当年你爸在结婚纪念日送了一套房子给我’。”

这个客户真的就在那天买房了。其实，人有时候就是这么感性，只不过需要你把他感性的一面调动起来而已。

很多销售只是不停地给客户讲理性的内容，尤其是一些男销售讲到最后会表态：“反正情况就是这样，您自己做决定。”不能这样，在理性的内容讲完后，销售一定要用感性的内容去调动客户的情感，比如身为妻子的责任，身为丈夫的担当，身为父亲对孩子的爱，身为子女对父母的爱。比如，你可以跟客户说：“您给老婆找了一个特别好的月子会所，以后丈母娘逢人就夸您，您不自豪吗？”

我的销冠笔记

在理性的内容讲完后，销售一定要用感性的内容去调动客户的情感，比如身为妻子的责任，身为丈夫的担当，身为父亲对孩子的爱，身为子女对父母的爱。

我的销冠笔记

逼单三原则：第一，一鼓作气，趁热打铁；第二，从客户的角度出发；第三，理性出发，感性终结。

课后作业

复习一下逼单三原则：第一，一鼓作气，趁热打铁；第二，从客户的角度出发；第三，理性出发，感性终结。我希望你能活学活用。请针对这三个原则，写一些逼单的话术。

第十六讲 7种实用逼单方法

讲完逼单三原则，我再介绍7种实用且常见的逼单方法，供大家借鉴。

1. 小点成交法

什么是小点成交法？就是你先尝试推一个大的订单，当客户犹豫不决时，再把订单化整为零："那这样吧，您也别纠结了，先买一部分试试看，如果觉得好，再过来买后续产品。"

如果是一年期产品，你可以跟客户说："我们把产品给您，您先试用三个月或一个月，要是觉得好，把费用补上就行了。我们为什么敢这样做？因为我们对产品有百分之百的信心。"从本质上来讲，你这是在传递信心。

我的销冠笔记

什么是小点成交法？就是你先尝试推一个大的订单，当客户犹豫不决时，再把订单化整为零："那这样吧，您也别纠结了，先买一部分试试看，如果觉得好，再过来买后续产品。"

我的销冠笔记

让客户一下子掏很多钱很难，但是一点一点地让他掏，你其实可以得到更多的钱。

有一些涉及大工程或金额比较大的订单，客户一时很难决定跟谁合作。你可以跟他说："您先付一下第一笔款，感受一下我们的服务。然后，您可以再去比较一下，如果第二阶段能找到更便宜的，也可以交给别人去做，那没关系。您先跟我们合作看看，如果觉得不好，随时可以换掉我们。"

客户跟你们合作后会发现，若换掉你们会很麻烦，需要做很多的对比和对接工作。所以，只要你们不出太大差错，没离客户的期望值太远，客户通常还会选择你们。

让客户一下子掏很多钱很难，但是一点一点地让他掏，你其实可以得到更多的钱。比如，你一下子让人掏7元很难，那就先让他掏3元，然后再掏3元，最后又掏3元。这种付款方式只不过让客户有一个心理缓冲，最终却让他掏了9元，比你原本想要的还多。

2. 动作逼单

动作逼单其实比较简单，就是你跟客户聊得差不多时就拿出合同来，让他看一下相关条款，然后把聊过的内容填上，填完就递给他。如果客户没有反对，你就跟他说："麻烦您在这里签个字。"

你并没有说今天就把这个单子签了，只是说你带了合同，让客户看一下。如果客户没有反对，你就填好递给他，这就是动作逼单。

你要用动作来暗示客户该做这件事情了，甚至可以点头对客户说："您看行吗？"当人们看到别人点头时，想摇头是很难的。所以，这个暗示也可以称为动作逼单。

我的销冠笔记

当人们看到别人点头时，想摇头是很难的。所以，这个暗示也可以称为动作逼单。

我的销冠笔记

二选一，就是问客户要A还是B。其实，客户要A还是B无所谓，都是建立在已经成交的假设上。

3. 二选一

二选一，就是问客户要A还是B。其实，客户要A还是B无所谓，都是建立在已经成交的假设上。

举个例子，我不问客户签不签合同，而是先问他："我们签完合同要送货，您是3号还是5号方便签收呢？因为这两天正好送货人员有时间。"我不是问客户要买A还是B，而是问他买完后哪一天能收货，这本质上也是一种逼单。

再举个例子，小王接到一个任务，要邀请各个部门的领导来总部参加例会。有位王总每次都不来，小王就打电话问他："王总，您来不来？如果来的话，我们这边提供午餐，您想吃牛肉饭、排骨饭还是其他套餐？"这个方法就很好。只要王总选择了某个套餐，来参会的概率就大得多。

我的销冠笔记

简单成交法，就是要把复杂的事情留给自己，把简单的事情交给客户。

4. 简单成交法

简单成交法，就是要把复杂的事情留给自己，把简单的事情交给客户。因为人们是很怕麻烦的，你要给客户传达这样的信息："您只需做一个简单的决定，剩下的交给我们来做。"

比如，我会跟客户说："您只需来参加我们的销冠训练营，接下来所有的事情，包括改作业、训练、该教您做什么等，全部由我们来做。"

你可以跟客户说："王总，没关系，您只需把前期的款付了，剩下的就由我们来搞定。"

你要让客户明白："后面还有很多复杂的事情，如果您自己处理的话，会很麻烦。要是跟我们合作，您只需签个字，剩下的全由我们来处理，您就不用操心了。"很多时候，这一招是可以打动客户的。

我的销冠笔记

惜失成交法，就是卡时间、卡名额，催促客户赶快签单。

5. 惜失成交法

惜失成交法，就是卡时间、卡名额，催促客户赶快签单。

你可以跟客户说："今天是最后一天了，您再不做决定的话，真的就要涨价了。今天活动结束后，我也没办法帮您申请这个特价了。我们以前搞活动就遇到这种情况，有的客户第二天才做决定，我也无能为力。错过这次活动，您估计要等半年甚至一年，到时也未必能享受今年这个价格，因为所有东西都在涨价。公司只给10个名额，现在只剩3个名额了，大家都在帮客户抢。我来公司这么久，像这个力度的优惠不能说没有，但没超过3次。这次机会真的很难得，您一定要珍惜，错过就没有了。"

你在讲的时候，情绪是很重要的。尤其是公司刚搞优惠活动，你打电话给客户时，情绪一定要高亢。如果你自己都很平静，客户就更平静了。所以，请你表现得激动一点。

我跟很多销冠聊过，他们都发现在自己非常激动、情绪高亢的时候，签单率是最高的。所以，你在跟客户打交道时，要调动一下自己的情绪。尤其是卡时间、卡名额的时候，你对紧迫感的塑造直接决定了客户有没有紧迫感、会不会立刻做决定。

6. 从众成交法

本质上，所有人都有从众心理。人们去吃饭，还要看哪一家顾客多才去呢。客户都害怕做第一个吃螃蟹的人，你就可以利用从众心理，告诉他已经有很多人买了。

例一：“王先生，您选的这款是70%的客户的首选。”

我的销冠笔记

公司刚搞优惠活动，你打电话给客户时，情绪一定要高亢。如果你自己都很平静，客户就更平静了。所以，请你表现得激动一点。

我的销冠笔记

你用一个爽快的客户作为从众效应的范例，暗示这个客户也要爽快做决定。

例二："这款我们已经卖了几十万个，刚刚王总也买了。"

例三："您选的这款是我们公司的爆款，请放心。我们现在只担心没货，品质方面肯定没问题，不然不会有那么多客户选择它。"你要告诉客户哪款产品可能有问题，但他选的这款非常安全，因为太多人选择它了。

例四："之前有个客户跟您很像，非常爽快就做决定了。我问他为什么不纠结一下，他说：'我比较了半天，到你们这儿来，看到价格差不多，质量又很好，就决定了。'"你用一个爽快的客户作为从众效应的范例，暗示这个客户也要爽快做决定。

7. 使用特殊窗口

你在给予优惠时，客户往往不相信你给的已经是底价，或者不相信你给的是活动价，以为你是先涨后降。那么，客户什么时候才相信你给的是优惠价呢？等优惠名额没了，价格真的涨上去了，客户才确定你没骗他，然后就来求你能不能还按照优惠价给他。

这种情况特别多，逼得销售在优惠活动结束后，通常还要有一个把价格又拉下来的动作。

举个例子，你们公司推出三台特价车，你给客户打电话："您看中的那款车，现在我们大区有三台特价车，每台可以优惠6万元，您要不要赶紧订一下？"

客户会告诉你："我考虑一下。"

一小时后，你又给他打电话："不好意思，特价车卖完了，您不用再考虑了。刚才让您抓紧点，可您没给我订金，我就不敢帮您抢名额。下次有活动的话，我再通知您。现在不能优惠6万元了，您要买的话，只能优惠4万元。"

这时客户会若有所失。没关系，你到晚上10

我的销冠笔记

客户什么时候才相信你给的是优惠价呢？等优惠名额没了，价格真的涨上去了，客户才确定你没骗他，然后就来求你能不能还按照优惠价给他。

我的销冠笔记

比搞优惠活动更重要的是，你要记得发布活动已经结束的消息，恭喜那些抢到优惠的客户，说本次活动圆满结束，欢迎大家下次再来。

点半再给他打个电话："不好意思，这么晚打扰您了。我跟您说过下午有三台特价车，当时您说要考虑一下，结果犹豫了一下就没了，现在有一个客户因贷款资质没通过，名额就释放出来了。如果您需要的话，先交1000元订金，我帮您抢一下名额。不过，我未必能抢到，因为很多同事也在给客户打电话。如果我抢到了，您再补差价就行了。"

你先把优惠价放出去，然后收回来，再通过一个特殊窗口放出去。如果客户还是不接招，说明意向不是很强，那你就等下次活动再联系他吧。

比搞优惠活动更重要的是，你要记得发布活动已经结束的消息，恭喜那些抢到优惠的客户，说本次活动圆满结束，欢迎大家下次再来。这种消息一定要发出去，这样客户才会确定这次活动的优惠力度真的很大，下次就会踊跃参加了。

每次你发完这种消息后，会有一些客户来问你昨天的优惠价还有没有，那个活动是否还在继续。你就以特殊窗口的形式来操作，告诉客户：“活动不再继续，但现在刚好腾出一个名额来，很多人都在抢，您要先交订金，我才能帮您抢。”这种方式其实就是常用的饥饿营销，在某些场合是很好用的，大家可以借鉴一下。

以上我讲了7种常见的逼单方法。当然，条条大路通罗马，每个人都有自己的一套方法论，关键是你一定要反复实践。

我的销冠笔记

条条大路通罗马，每个人都有自己的一套方法论，关键是你一定要反复实践。

后　记

我是“销售大玩家”，本书到此结束。首先，我要给你点个赞！你真的非常棒，将本书从头到尾读完了，不是所有人都能做到的。

也许你会问：“学完书里的内容，我能不能成为销冠？”

不，你本来就应该是销冠！因为只有销冠才会像你这样去看书，去努力，去学习，去提升自己的销售技巧。这些本来就是销冠的特质。

我相信即使没有我，你通过看书、学习其他课程，自己去摸索，迟早也会成为销冠。只不过今天恰好这本书出现在你面前，你给了我这个机会，让我帮你发现本就是销冠的自己。

人人都可以成为销售高手，你本来就是销冠！

只不过在没遇到我之前，你辛苦了。

本书的内容就到这里了，我们还有销售团队管理的课程，如果你是一位管理者，一定不要错过哦！

你也可以关注我的抖音号“销售大玩家”。

期待一个个销售高手获客开单，出手不凡！